我
思

敢于运用你的理智

WHAT HAPPENS TO US WHEN WE THINK

Transformation and Reality

于思之际, 何所发生

转变与实在

〔美〕迈克尔·哥文 著　　周建漳 译

长江出版传媒 ▧崇文书局

图书在版编目（ＣＩＰ）数据

于思之际，何所发生 ／（美）迈克尔·哥文著；周
建漳译 . -- 武汉：崇文书局，2024. 7. --（崇文学术
译丛）. -- ISBN 978-7-5403-7631-4

Ⅰ．B

中国国家版本馆 CIP 数据核字第 20246CQ429 号

Michael Gelven

What Happens to Us When We Think: Transformation and Reality

State University of New York Press, 2003

The Simplified Chinese translation of this book is made possible by permission of the
State University of New York Press ©2003, and may be sold only in Mainland China
(excluding Hong Kong, Taiwan, and Macao).

本书据纽约州立大学出版社 2003 年版译出

于思之际，何所发生
YU SI ZHI JI HE SUO FASHENG

出 版 人　韩　敏
出　　品　崇文书局人文学术编辑部·我思
责任编辑　黄显深（bithxs@qq.com）
装帧设计　书与设计工作室｜兆予文
责任印制　李佳超
出版发行　长江出版传媒｜崇 文 书 局
地　　址　武汉市雄楚大街 268 号 C 座 11 层
电　　话　(027)87680797　邮政编码　430070
印　　刷　武汉中科兴业印务有限公司
开　　本　880 mm×1230 mm　1/32
印　　张　7.25
字　　数　170 千
版　　次　2024 年 7 月第 1 版
印　　次　2024 年 7 月第 1 次印刷
定　　价　68.00 元

（读者服务电话：027－87679738）

　　本作品之出版权（含电子版权）、发行权、改编权、翻译权等著作权
以及本作品装帧设计的著作权均受我国著作权法及有关国际版权公约保
护。任何非经我社许可的仿制、改编、转载、印刷、销售、传播之行为，
我社将追究其法律责任。

献给 *Sebastian Stark* 和 *Nathan Birkholz*

目　录

一 转变

1

天色渐晚，内城湿漉漉的街道上处处潜藏着带枪团伙，四
处奔窜的老鼠，细雨中蜷缩着的瘾君子，成群的野狗——以及
身临险境的他的朋友。

别害怕。

可是我害怕。我也想不怕，但我害怕，甭跟我说别怕！谁
不怕？有大把的理由害怕。这街上都是杀手。

这些听上去都是赶快离开的绝佳理由。

我知道，但我不能这么做。我朋友遇上麻烦事了；我应该
去帮他。可是我太害怕了。

甭管你怕不怕，他需要你。

这我知道。但你想我为什么害怕？如果不是因为他需要我，
我一点也不用怕；我又不是非得在这；我会待在家里。没被吓着，
很安全。

但如果他需要你，你不该帮他吗？

你没听到我说吗？我害怕。我不敢待在这，我也害怕离开。我不想被人拿枪打死；我不想跑回家，我知道这是在别人需要的时候把人撇下了。所以我是两头怕。天呐！我希望我不是这样……我也不知道：我希望自己别那么胆怯。

恐惧是件很自然的事。这是确保生存的自然方式。你能活到现在也许就是因为会害怕。

自然的方式，哦？但这样说没什么帮助。即便害怕不是自然的，我还是害怕。你也会害怕，你就是在害怕！

你为什么说我害怕？

你也在害怕。我怕的是危险的街道；你怕的是词。就是个词。你害怕说出那个词，对不对？就在眼下，当我说我希望我不是……接着不说了——你想听到的是另一个词，是不是？好，接着说！

你想要我说的是哪个词？

胆小鬼。

你说我是胆小鬼？要不然这就是你觉得我不敢说的？这关系到勇敢，是不是？你害怕如果往那条街走下去会被枪打死；你担心如果你不那么做会被当作懦夫。

我才不管是不是被叫作胆小鬼，我怕的是自己就是个胆小鬼。我们都是懦夫。

不全是这样。即便你还是原地不动。现在有了转变了，不是吗？这不再是件自然的事情，对吧？害怕也许从来不只是胆怯，至少对想过或者犹豫过的人来说不是这样。你在一件事情上是对的，尽管只是：告诉你不要怕是错的；我本该敦促你鼓起勇气；你看到了这一点，即便看到这一点也需要一点勇气。

就算我在这抖得像喷气机的尾气，可就因为我说出了"胆小鬼"这词，就得个勇气奖？想得美！

但我知道你不会在这再停留多久。瞧，你现在已经让一切都改变了，包括你自己，就因为一个词，勇敢。

但我还是害怕。

我知道。但它现在意味完全不同了。

2

在这个迷人的老城中太容易迷路了。我们这是在哪了？

我不太清楚。你看到那栋黄色的石头房子了吗？就在公园旁边。

看到了，那是什么？

我不知道。

那你为啥说起它？

我得知道它是什么才能说它吗？

好了，大科学家，假如我们想回到旅馆，注意那栋房子有什么用，游览图上又没它？

回旅馆不是唯一要紧的事。

我知道它不是唯一要紧的事，但它是一件要紧的事。我一点也看不出来说起一栋不知是什么也不知道它在哪的房子有什么用。你不会无缘无故看着个房子吧。

假如我们在阿格拉，你会不瞧泰姬陵？在伦敦你会不看伦敦塔？

当然会啦。这些都是风景名胜。它们是历史遗迹。

3　　所以你让旅游图告诉你去看什么？回去后你可以告诉大家你看过伦敦塔。吹牛的资本。

我们不是在伦敦，如果是，我会去看伦敦塔。我去看它，因为伊丽莎白曾经被关在塔里，各种各样的名人在那掉了脑袋。那是个有历史趣味的地点。

那么那栋黄房子不是吗？

我不知道它是不是。

如果我告诉你曾经有个名人在那丧命，你会不会觉得它值得看了呢？

当然了，为什么不看？它看上去就像有重要人物死在那，得想想看。也许我们该问问谁。

真不敢相信。你会仅仅因为知道某栋房子的历史趣味而参观它？

别摆出副高明的样子。历史怎么了？

历史没什么错。我也喜欢参观历史性场所。但历史感不是去看一栋房子的唯一理由。

没错。但一个重要的理由是用它作为找到回旅馆的路的地标。我饿了。如果那个黄房子里有餐厅、酒吧、烧烤店或者不管这个国家的人管它们叫什么，我对这个有兴趣。

瞧，你在存心瞎扯了。我请你，拜托，就看一眼那栋房子吧。

行，我看着啦，又怎么样呢？

好吧……它没意思吗？

什么会让它有意思？历史、食物。如果那是个商店，那就是里边的商品。它有什么意思？如果我不知道它是干嘛的，它怎么可能让我有兴趣？

老天爷呀！我们为什么老是争这些？不过，有一件事你是对的。是我口误。兴趣的确要求背景，不是吗？如果你看着个房子可对它的背景一点不了解，那会怎么样：没有历史，没用，没功能，甚至不是个住处。假如我们同意这房子没一点意思，而我还是要你看它，你会说什么？

也许是跟你这个年纪有关的什么事，要不就是跟你的脑筋有关系。左不过就是这样些事吧。

看在老天分上，瞧瞧这栋建筑。

建筑！我现在饿着肚子又迷了路，你跟我说什么建筑？

我们一小时前刚吃了早饭；我们并不是真的迷路了，因为有出租车，商店里那些好心的人会告诉我们位置。瞧瞧那个黄房子，拜托。

可是我从来没学过建筑。另外，建筑不是历史吗？哦，很好。让我们看看……它很可爱。它的确好看，不是吗？它相当平和，渊停岳峙。我想知道他是怎么做到这一点的，我说的是建筑师。也许是因为这些石头被切割成长方形，而他在横向和纵向两个方面使用长方形。目光被纵向的石块引导向上——看！然而它并不高耸，像教堂那样；它的宽度赋予其令人欣悦的稳固性，因为它缓和其力量，也显得平易近人。虽然它的优雅暗示它并不是谁都欢迎的，它欢迎的是精英。也许这就是这个建筑想做的：热情地欢迎精英，但具足老派的安全性。

你也许是对的。等一下。把那本导游册和游览图给我。干嘛，给你。对了，就在游览图里。这是个有名的修道院——

当然是了。你可以看到是这样。你不需要靠游览图。

你已经改变你的腔调了。我想你原本喜欢那些图的。

我喜欢地图，如果我要到哪，或者想知道我在哪。但不为别的只是看是不一样的，这就是那个词：建筑。那改变了所有的事，不是吗？你该有多傻没能注意到这些。

我？我没觉察到？我不敢相信。我们俩谁没注意到？

你没有，你这个庸人。你总是说什么兴趣，没有注意到这样的兴趣褫夺艺术。你最后让我看了；只是现在"看"的意味完全不同了。

3

诸位陪审团的女士们先生们，你们已经听到了原告律师针对我的当事人的总结陈词。她是个专业的，事实上技艺高超的律师，成功地把各种相关和直接的证据要素整合成一个融贯的案情梗概。她的职责是起诉，她令人羡慕的胜诉率的一个原因，是她让自己的故事显得可信的本事——那么合理，如果你们同意的话——作为陪审员，你们会被说服，似乎其他的说法都刻意而勉强。在这个案子中她做到了这一点。她的陈述是可信的。她的说明有道理。但是，女士们先生们，在法庭上提出一套连贯和有道理的陈述是不够的。还必须要求，任何会让我的当事人被宣判无罪的备选故事都太不可能发生，以至于你们不得不得出它是不合理的判断。原告律师也已经这样做了。她试图表明，那些你们可能会假设的为我的当事人开脱的情况，完全超出了我们关于什么是合理的正常理解。

女士们先生们，我多年担任公设辩护人；而且我相信你们知道，我们公设辩护人办公室案子堆积如山；有时我们几乎没有足够的时间阅读所有卷宗，包括公诉人的案情摘要。我在这不是抱怨——我提及这一点是为了解释，多年以来我发现，非常仔细地倾听公诉人的总结陈词是非常必要和很有好处的。我有些案子的胜诉就是通过专注于这些总结——不只是关注它们包含了什么，更有用的是，注意其中没说的；或者不如说，它们略过的地方。因为我学到的是，那些之所以被略过，有时是因为那是软肋所在。当检方对案子中的一个方面采取轻描淡写的态度，轻轻略过不提的时候，我支起我的耳朵。虽然不是每次，但它通常警醒我多加质疑。他们检方没有意识到，当他们淡化某事的时候，他们是在帮我的忙。我对他们的轻描淡写总是感激不尽。今天也是这样。

原告律师在做她的总结陈词时有没有把什么作为不重要的撇在一边？她在你们聆听时有没有让你们匆匆略过某一微妙之处，以免错过她所说故事的要旨？如果她这样做了，我相信是的，我们必须问为什么。让我们重新过一遍她说过的东西，看您，陪审员，能不能想起她说明的节奏有那么点飘忽的时刻，那时她的语气变得友善，奇奇怪怪，吁请那么点明显的轻视，让你感到很容易一掠而过；赶紧翻篇，女士们先生们，从而让你都不再想到它。

她的第一位目击证人是最先赶到现场的警官。他作证说，他受指派赶到那里，发现我的当事人在仓库后边正清洗一根很重的金属棒。守夜人躺在地上，已经没有意识，仓库后门被强行打开。警官接着作证，犯罪实验室在棒子上发现了证据，证明它曾被用于打开后门，还有肯定证据——血液——表明它曾被用于猛力击打守夜人的后脑勺，幸好不是致命的。在仓库外头，在一个大棕色麻布袋里有几盒从仓库里拿出来的珍稀和昂贵物品。这些都是没有争议的事实。仓库隔壁商店里的商人透过窗户看到我年轻的当事人从后门那个被强行打开的出口出来，从地上拿起个大棕色麻布袋，犹豫了一下之后，放下袋子，然后返回屋子里。商人当下立即打电话给警察。你们都听到了这个商人的证词。你们也听到了斯科特·威尔森的证词，它是我当事人在教堂棒球队的教练，他算得上这个年轻人的导师。你们听了这位善良的先生作证说他之前接到一个不知道姓名的人的电话，警告他我的当事人在那个地方可能有麻烦。根据他的证词，他在商人电话后只几分钟就到了；的确，他在警官对我的当事人采取拘捕行动时赶到现场。

威尔森先生的证词特别具有杀伤力，因为他不是自愿作证的，由于对那孩子明显的关爱，他是非常不情愿的证人。然而，在原告精心的询问下，他被迫承认我的当事人历经他称为异化的阶段，并且说过想做些惊人之事。不止如此，他的证言完全强化了拘捕警官所说的话；威尔森先生同样看到了那根铁棍还在我的当事人手中，上面缠着布。

原告律师注意到犯罪实验室没能在铁棒上或装着贵重商品的盒子上发现任何指纹。由于我的当事人被发现用布擦拭铁棒，他的犯罪事实看上去跑不了。根据公诉人的说法，我的当事人在用铁棒强行打开后门后又用它从背后击打守夜人，拿了几个装着贵重物品的盒子并装进袋子，这里他意识到自己的指纹可能指证他，于是在惊慌中先是用布擦拭袋子里的盒子，然后返回仓库去擦棒子。由于，当然是了，除了威尔森先生和抓人的警官外现场没有看到其他人，这些证据铁定指向我的当事人。

最后，你们听了在警察署审讯我当事人的侦探的证言。根据他的说法，被告在放弃见律师的权利后，承认他擦拭过铁棒和装着失窃物品的容器，但否认他曾经实施严重的盗窃罪或攻击守夜人的罪行。而对篡改证据妨碍司法公正的重罪指控，被告奇怪地保持沉默。当被问到他为什么擦拭铁棒和盒子时，他没有回答。他对于其动机保持显眼的缄默，对此，他甚至都没有告诉作为其辩护律师的我。对他的缄默，我和你们一样一头雾水。

当原告律师在她的总结陈词中提及这一点时，她说了什么？她朝你们笑着，问你们——我这里完全是引用她的原话——"他为什么不解释自己的动机？哈，你们会吗？"

陪审团的女士们先生们，当我坐在这听着她对我的当事人的骇人案件做总结陈述时，她问你们的问题完全空洞无力。除了这个问题，一切都真实可信，她说了个有说服力的故事。她为什么问"你们会吗？"我们指望她解释他为什么对擦拭棒子的动机保持沉默的显而易见的理由，这里只可能有一个理由——一个会指证他的理由——也就是说，抹去他的指纹。但她没有说这个。她为什么没说？我们来推测一下。是不是因为她意识到聚焦擦拭铁棒这一单一行为的动机会引起关于她的案子的一处——这个让人有点惊奇的案子的一处——问题？这就是问题所在：这个年轻人肯定知道，如果他没有破门而入，击打守夜人，偷那些物品，他就没有动机擦拭棒子。而如果他没有理由擦拭棒子，他也没有理由擦拭盒子。正是盒子也被擦干净的事实让我们停下来了。是的，当然了，假如他击打了守夜人，他就会擦拭棒子；但为什么，在犯罪现场，在时间是那么宝贵的情况下，他会擦拭所有的盒子？为什么首先擦它们？为什么不马上带着盒子走人？这是控方律师不希望你们采取的思路，因此，她把你们的注意力引向擦棒子的动机，而不是从明显的动机入手，却问假如是你们是否会这样做。您——你们中每一个人——马上会想到为什么会擦棒子；然后你们就会以为动机问题已然解决了，于是他的罪行就定了。可是，虽然擦拭棒子的动机也许得到了解释，同样的动机却套不到擦盒子上。控方不想让你们往这个方向上想，而是针对他关于其动机的沉默，他的三缄其口，以此指向其有罪。"他的沉默谴责他，"她说——我还是直接引自她的发言打印稿。但这指向他有罪吗？

为什么擦那些盒子？更重要的是，为什么对这样做的动机闭口不谈？所需的只是一个推测；事实上一个词就够了。它将改变一切，为此我们必须往回把它看明白。也许这个年轻人并不像控方律师说的那样是骗子，他说的每个字都是真的。也许他没将物品带走，而是把它拿回来。他没有想逃走，而是如果有必要的话让自己被逮住。他从铁棒和盒子上擦去的不是他的指纹，而是另一个人的。他宁愿坐牢，这样另一个人就用不着去坐牢。但即便是为了保护某人他也完全不能撒谎，因为他发过誓，对他来说誓言是神圣的。他就是这种人。他对教练说要去做的惊人的事不是盗窃，而是牺牲。为了确保这一点，他甚至不想找律师，但法官不会让这么年青的被告自行辩护，因此，我作为公设律师被指派给他。他完全不愿意跟我说那天晚上发生的事。最重要的是，甚至即便是到了现在，他还对某事保持沉默，而这事本来是很容易解释清楚的。我可以告诉你们一个词，能让我们明白他为什么擦拭铁棒以及盒子，为什么他对自己的动机必须保持沉默，同时仍然信守其说真话的诺言，以及他为什么会出现在法庭上，这个词就是忠诚。忠诚是这个高尚的年轻人最高的德性。这是他引人注目——可能并不聪明——的牺牲的根基。他的沉默在原告律师看来表明他有罪。但由于这个词，忠诚，整件事情由一个单纯贪赃枉法的低级故事变成了一个有关伟大牺牲的高尚故事。一个忠诚的人一般说是从不愿意背誓撒谎的。对控方来说，他的沉默表明他有罪；但基于忠诚一词的推测，其沉默表明他无罪，现在它的意味完全不同了。

4

你对我们在今天形而上学研讨课上听到的那个理论是怎么想的？

那个课里有太多的理论了，我挺烦这些理论的。

哦，好吧——我想我指的不是任何一个理论；而是你可以称为元理论的那种理论。你瞪啥眼？ 8

多讨厌的说法。我猜元理论又是由元元理论排下来的。这东西听上去多傻。

怎么回事，你真粗俗！形而上学除了理论——关于实在的理论——还能是什么？

粗俗？也许我是有点粗俗。有时候我有一种被研讨班上的人看不起的感觉。他们好像都挺来劲的，就跟你一样。但是……

哦，是的。什么时候都会有那个一个 t 的但是 [1]，您别介意。你可是有点不实诚。这就是"粗俗"这个词在学术上的意思。你不是觉得被别人看不起，而是觉得自己高人一头。你在咱们这个研究生项目上也许是新手，但别跟我扮无辜。作为你朋友，我太了解你了。你是认为我们其实都错了。

如果粗俗是一种不包括你在内的特殊的诚实，那么，我认为在那个研讨班里的每个人，尤其是教授，都是错的。

错，怎么讲？

他们忽略了撞击（bump）……实在的撞击。

你想说的是什么？

他们推出可供选择的理论作为包装好的游戏，以聪明为卖点取悦买家——在这指的是学生。他们甚至似乎从来不认真问任何一个理论是不是真（true），更不用说是不是实在（real）[2]；而这部分是由于他们坚持，即便是真和实在这些词，都已经被限定了，从而或许只能出现在那一套刻板名堂中。

那也许只是对教授如何开展教学的批评。但你用不着把我们所读的理论都当作不真的或者是可替代的。

那是我一开头想到的，但问题比那更深。想一想我们是怎

---

[1] 英文中表转折意的"but"只有一个 t，跟它读音相同的"butt"有两个 t，意思是"笑柄"，作者在此掉了个"词"袋，意思是没有看不起你的意思。因为对话者说到"但是"时后边的省略号暗示"我"在别人眼里和大家不一样的意思。——本书原文无注脚，所有注均为译注。

[2] 作者在此拈出 true 与 real 的区别是一个值得注意的理论要点，对英美与欧陆真理观有所了解的读者对此当不无会心之处。

么做的，或者我们被希望怎么做。我们研究关于实在的理论却不研究实在本身。当罗密欧看到朱丽叶时他不是做关于美的理论思考，他对她的美的突然觉察与臣服是一种撞击。饥饿的人冲向食物时想的同样不是营养理论。一个好的医生考虑的不是关于健康的理论，他想要的是治愈患者。与此相类比，那些研究形而上学的人不应该只是研究关于实在的理论，而应该研究实在本身。

什么是实在本身？

这正是要点所在。我不确定。但我知道我自己的实在。我不需要一个理论来告诉我这个事。

那么你认为笛卡尔是正确的？从关于自我的形而上学开始。

笛卡尔从蜡球开始他的形而上学。那是他关于什么是实在的模型：像蜡那样在其特性的变化中的持存者。他将之应用于他自己的存在——伴随灾难性的结果。他几乎是我所想说的事情的范式：他让他的理论解释他自己。

但是，无论如何，那些解释我们的东西，作为解释，恰恰是理论性的。他的理论也许错了，但并不等于所有理论都是错的。

可是，你怎么发现一个理论是错的还是对的？把内在一致性放在一边，这我同意是必要条件。在具足一致性的各种理论中，难道它们中的每一个不是都对事情给出了解释吗？可它们不可能全是对的，因为它们是相互矛盾的。

那恰当性呢？

好。但要判断理论的恰当性，你需要理论之外，尤其是自我之外的东西作为检测恰当性的资源。瞧——我不是在否认需要某种意义的内在融贯性或是理论结构；我只是指出实在这个

9

词并非任何理论的囚徒。无论我们关于在系统或理论说明之外的实在是怎么想的，它肯定是我们所意谓的形而上学的一部分。

系统或理论之外的实在是什么？

你看。如果我想象就在这有张办公桌，可我的手却仍然可能掠过这个空间。假如那真的有张桌子，我将手掠过那块地方时就会碰到它。虽然这个例子也许太物质化了。假定我有种可以由特定事实的发现所消除的不确定的罪恶感：我了解到自己对另一个人的苦难没有责任，所以我的罪恶感消失了。将之与真实的罪恶相比较，无论我怎么尝试否认我逃脱不了谴责：我有罪，并且必须把它揽到自己身上甚至弥补它。我通过撞击一词试图说明的是，实在会强行闯入，它具有某种不可抗力。我意识到实在，正是当它无可规避时，就像挡在我路上的雪崩。

那么，根据你的理论，没有什么理论是恰当的了。你的"主义"是"反主义主义"。你笑了。

我当然笑了，因为你的嘲笑既是友好的又是聪明的。你试着向我显示我不能摆脱理论的限制，但你出之以一种玩笑的方式，如朋友之间那样。但我的笑是实在的，而不是笑的理论；并且我们是朋友，而不只是友谊理论家。

但是，如果我思考笑与友谊问题，我怎么可能绕过自己对它们相容性的关心——并且将它们理论化就是令之相兼容。

这里的危险是，你让做朋友——也许我应该说作为朋友——跟嘲笑相兼容的尝试也许令笑与友谊本身失色。真朋友不是朋友理论的结果。

可是，如果除了成为真朋友外我还想思考朋友这件事，我不该在某种意义上理论化吗？

也许吧，但我不这样想。让我跟你说说我的意思。假设我发现你干了件不正当的事。我在作为你朋友与作为一个公民之间陷入纠结——尤其是如果事情可能会被归咎于另外某个人。这个像灌顶之水骤然加之于我的负担揭示了关于朋友与公民意义的全新即从未被觉察的维度。我学到了某些前此没有意识到的深刻的东西；但这一学习并不是理论性的。我也不知道它是不是经验性的；我的确不知道怎么称呼它，但不能否认我不但学到了某些新的东西，我还学到了某些深刻和重要的东西：我或多或少被改变了。

当然。但很少有思想者或理论家否认经验可以增加我们的理解。

抱歉，你没搞懂我的意思。我说的不是经验，而是思想。我想的是——非理论化地——作为一个朋友、作为一个公民直接的意思。我保证之后我也会对此进行理论的思辨，但你为什么要否认当我遭遇非理论性的烦恼时，眼下我所想着的是关于我们之为朋友这一现实？

也许你在想着，但你的观点是什么？

这种非理论化的关于作为朋友这一现实的直接思考，事实上在某种方式上改变了我。我始终想着那个滑稽的词撞击，意识到它是不恰切的。至少我想说：这样的学习不仅仅是关于朋友的，它是朋友本身意义的一部分。我不是站在外头的某个旁观者，我整个被作为公民和朋友意味着什么的实在淹没了，而这不是理论化的结果，而是直接思考实在的结果。

你用了"淹没"这个词。你是这个意思吗：我们必须将对自己情绪与感情的研究包括在形而上学里？

不——至少我不是这么想的。我所说的不是发生在我身上（in me）的心理转变，而是我的（of me）形上的转变。这一转变也许伴随某些情绪状态；我猜其中也许包括惊愕与震惊，我认为，能向这类情绪学习，形上思考者不必为此感到羞愧。但总体上我会说，作为不可普遍化的东西，情绪不是核心的。它们肯定不是我说不用先行构建关于实在的理论化解说就可以学习实在之真际（being real）①时所说的东西。

也许吧。说到底，柏拉图说哲学始于惊奇。

还可能伴随着惊奇。是的，惊奇可能是比惊异、震惊或被淹没更好的词。虽然这里重要的是形上改变。

所以你是说，这种学识是一个发现：以这种方式做朋友改变了做朋友的意义。从而你作为思者是经由这一发现的"撞击"而转变的。在某种程度上，你是在提出，当我们思考的时候所发生在我们身上的，是作为一个思者本质的部分。

我想这就是我正在做的事。是的，我想要知道，当我哲学地思考自己时所发生的是什么。"蜕变"是一个很好的描述。直思作为真正朋友的意义必定改变作为朋友的我们，你不认为是这样吗？

可能是这样。虽然当你加进"作为"一词时我对蜕变这个词的恰当性有所怀疑。转变也许更恰当。

11　　因而真正的形上思考转变作为思考者的我们？这听上去更接近我想说的。

如果这样的话，形上思考这一概念本身被转变了，因为现

---

① "真际"一词多见于佛教，用以区别通常认为"眼见为实"的"实际"。

在它的意味完全不同了。

5

您是这部剧的导演，所以请您帮我一把。

啊！没问题——当然了。是哪一段词难住你了？

不是具体哪一段词。是波希霞（Portia）这个角色本身；或者说就是整部剧。您瞧，开始我这样想：这个丫头——莎士比亚这么叫她——她机智地胜过威尼斯法庭救了安东尼的命；给出关于仁慈品质的醋畅演说；对她无能丈夫手上的戒指玩了个相当坏的诡计；还自己家一个胜利。因此，我想这是她性格的关键：她比其他任何男人更精明、在精神上更强，理解她就要承认其高明，以及她是如何操控男性主导的系统而又不失其女性特质。她唯一的错误是爱上那个愚蠢、无能的顽主巴珊尼（Bassanio）。

啊！好吧，这当然有点道理；但有点……太政治化了。你说这是你最初的想法，接下来怎么样了呢？

和我演莎士比亚时总是发生的一样。她变得相当复杂。我不在意这个；伟大的戏剧需要丰富的角色。但波希霞不单单是复杂，她是……我不知道怎么说——一个谜。因此，除非我把她想明白了，否则我没办法演她。

啊，好吧！也许还有其他的办法。唯有通过扮演她，你才能弄清楚她。

那就是我们为什么要排练。但我怎么才能读懂她的台词？

啊！她的台词？我应该说这些台词都相当直白。在我看来，你在排练时干得挺不错。

　　"挺不错",您很清楚,是还不够好。我的表演只不过"不错",因为我并没有抓住她性格的本质。

　　也许她的性格是发展的；结束时的她跟开始时的她并不是同一个波希霞。

　　如果她的性格没有发展,那这个戏就太闷了。您知道,这我能感觉到。她在学习。也许这就是要点：她的学习。有一个场景表明了这一点：就在巴珊尼选择了正确的彩匣后[1],她告诉他说,为了他,她希望自己能有现在三个二十倍那样好。但接着她补充道：

> 但我的全部
>
> 加起来也无足轻重, 总的来说,
>
> 我是个没受教、没上学、没历练的女孩：
>
> 幸喜的是, 她年纪还不算太大,
>
> 还可以学习；更可庆幸的是,
>
> 她还没被养活得那么笨, 她能够学；
>
> 最可喜的是, 她那颗温柔的心灵,
>
> 将自己交付给你, 接受你的指引……[2]

　　啊！我就知道我选对了波希霞的演员。你直觉地选了个要紧的片断。她的学习,而不是她在法庭上的胜利,给了这个戏一个配得上像波希霞这样光彩照人的角色的主题。但,你请继续。这段台词你读得挺好的,困扰你的是什么？

------

[1]　依波希霞父亲生前定下的条件, 只有在金、银、铅三种彩匣猜中装有波希霞画像的那个匣子的人才能娶她。

[2]　译文参考了方平：《莎士比亚喜剧五种》中《威尼斯商人》的中译。

　　但我理解的对吗？问题在这里。她是说真的吗？她从他那能学到什么？她用不着再好上三个二十倍，她本身已经比那个轻浮、贪婪的草包小子要聪明和高贵六倍。她是不是完全被爱蒙住了眼睛，以至于会以为他比自己更聪明？或者这是个比喻：她的爱就像是受教育？又或者她是在反讽：她实际上的意思是她能教他？要不就是她指的是爱是真正的导师，而不是指巴珊尼。但我最想知道的是她用各种跟教育有关的词汇，念过书的、有教养的、有学问的，想说的意思是什么。在什么意义上她学习？她学到的是什么？

　　啊，好吧。我知道你也相信"文本永远是最终来源"的格言。让我想想……你能给我一个段落吗？在这个段落中，她清楚地学到了一些东西，甚至是这样说的？

　　她学习的段落？你不是说她学会了如何打败夏洛克吧？不，我不这么认为。我也不确定。不过，也许……有一个段落可能有用。这是整部剧中我最喜欢的一段。她和娜瑞萨晚上走在回家的路上，她发现她家的蜡烛还在燃烧，她说："在这个粗俗的世界里，善行如此闪耀。"

　　啊，是的，继续。我要引用娜瑞萨的台词："明月当前，我们看不见烛光。"

> 所以更大的荣光令更小的无光：
> 一个摄政，本来也像个王那般闪亮，
> 等来到王面前，他那份光亮，
> 就像影子般消失了，好比溪水
> 消失在大水里。音乐！你听！
> 小姐，这是我们家的音乐呢。

> 没有比较，就不知道什么是好；
> 这音乐，听起来比白天好听多了。

> 是幽静给音乐增添了优美，小姐。

13
> 没有比较，我看乌鸦的啼叫
> 也就跟百灵的歌声一样好听；
> 夜莺要是在白天献唱，
> 那也不会是比鹪鹩更好的歌手。
> 多少跟时机有关的事情亏得跟时机相合，
> 才能够臻于完美，博得赞赏！

啊，我能看出为什么这会是你最喜欢的片断。

它充满魔力，像儿童的梦幻；如此可爱，如此宁静，如此迷人，你简直不想让它停下。两个姑娘已经走了很长的路，都累了，但当她们临近家门，你几乎可以感觉得到疲劳离开了她们；她们轻柔优雅的笑是心灵的慰藉。它告诉我们一些我们之前不了解的她们的一些事；而这一场景的迷人之处同时生动地跟威尼斯商人粗鄙的计算，以及法庭上精光四射的机警相映衬。少了这一场，这个戏就更缺少喜剧性。它没有让我们开怀大笑，却让我们感到了绝妙。它充满了优雅与温情。

啊，的确如此。你看到了：喜剧通常描写傻人犯傻，这通常发生在恋爱的人身上，但观众对其的评价却是温暖和宽厚的；它的真理是温和的学习。

不管怎么说，我觉得这一段落给我们显示了温和的学习，但我不太有把握。意象本身似乎在变。一开头似乎是个相当平

20

庸的观点：只是由于黑暗，我们注意到烛光；由于王不在场，我们注意到摄政王。看上去较小的被注意是因为较大的不在那，尤其是在与王的比较中：但王的确是比摄政王要大。她是不是暗示巴珊尼就像摄政王那样？如果我们不把他跟别人比，他也不是那么糟？这似乎是一种可疑的智慧，即我们应该感谢小恩小惠——这似乎不适合波希霞。但接着她指出，乌鸦跟鹩鹩如果不跟夜莺放到一起的话，那它们的啼声真的跟夜莺的一样好听。她的意思是不是美德只存在于旁观者眼中，从而只要在她眼中巴珊尼是值得的，那他就是有价值的？这有点相对主义，它用在丘比特那也许行，但不能用在德性上；波希霞的品质可比这强得多。于是，虽然，她提出的似乎是所有这些中最强的要求；是时间将我们带向自身的完美。这是否意味着她那像个男孩的丈夫会成长为值当的伴侣？或者这是她当令的魔力时刻？在回贝尔蒙城的家时，在她以法律上的精明征服夏洛克，以及用涉及戒指的计谋征服了巴珊尼之后，她是不是达到了自身的完美？如果最后这一点是正确的，这似乎跟烛光唯有在黑暗中被欣赏，或者音乐唯有在宁静中才呈现对不上。我甚至连她到底是洋洋得意的还是谦卑的都说不清；但不管是其中哪一样，都一定会让我有不同的说台词的方式。

　　啊！没错。在意象发展这一点上你肯定是对的。她不只运用了许多比喻，她实质上通过两个不一样的原则给出它们的意思。她首先说，"离开映衬没有什么是好的"，意味着"比较"；但接下来她说，"事情在它们的时令中当令"。这些谚语或原则，如果你愿意的话，都是教诲性的。她学会通过"比较"来判断事物；她学到了任何事情都有其时令；事物应该依其时令或成

14

熟来判断。

但跟我翻译一下。什么或谁达其时令？她自己？巴珊尼？以及什么是那个视野，那个"映衬"，令她得以正确地判断事物？

啊，那个，你知道我不确定这是任何一件事或哪一个人。也许，的确，莎士比亚的意思是让我们理解，那个剧本身达到它自己的时令。

噢，我的天，我开始变得跟您一样了：每句话都用"啊"开头。啊，好吧，是的。那是……等等。我比之前更迷糊了。

啊。噢，亲爱的。抱歉。忘了那个"啊"吧。你记得这部戏最开始的那句台词吗？

怎么了……当然。安东尼说："说真的，我真不明白，我为什么这么不痛快。"这说的是什么？

他为什么不痛快？还有他为什么不知道是为什么？

我演的是波希霞，又不是安东尼。

可这个戏本身的名字叫"威尼斯商人"。

那不就是夏洛克吗？

不，夏洛克不是个商人，他是放债的人。安东尼是商人。

所以，这个戏说的是安东尼？这是怎么做到的？

在最后一幕中，在一切大功告成后，波希霞对安东尼做了什么？

对他做什么？我不——哦，是的。她欢迎他到她家。那不就是一般的礼数？等一下！我觉得我开始明白你的意思了。重要的是，不管怎么说，波希霞欢迎安东尼。

把你的情敌请进家门可不是那么简单，难道不是吗？

她的情敌？你是说安东尼跟巴珊尼是情人？

剧本里找不到这样的说法。但剧本里有大量的暗示，安东尼爱巴珊尼。

啊哈！因此他的不痛快正是因为他的爱是没法有结果的；也许他不愿对自己承认他爱他，这就是为什么他说他不知道自己为什么不痛快。只有一个情人才会为一个贪婪自负的小子大方到说不出口的程度。他甚至签署了那个后果严重的可怕契约，只是为了让那小子可以去追求波希霞。哈，还有！巴珊尼在他婚礼的晚上对波希霞"秋毫无犯"，就跟安东尼在一块。她能做什么哪怕可以比得上安东尼为他所做的牺牲？巴珊尼同时感到罪责和欣喜——你能断定他们不是情人？——因此他为了他抛下她！设若安东尼去死，她那个像男孩的丈夫会觉得永远亏欠他的鬼魂。

这是事情的一部分。我想你对巴珊尼有点太草率。无论如何，他的确爱波希霞，在某种程度上他爱安东尼。我觉得你草率是因为，在扮演波希霞的时候，你觉得他对于你来说可能不值当。但告诉我，是什么让你，波希霞，将安东尼延请到家里，她救了他的命，但他仍然是她的情敌？

需要什么？勇气？牺牲？更深的精明？我不知道，虽然我觉得自己应该能确定。

让我提醒你一些事情。当夏洛克在法庭上被波希霞以夏洛克的要求摆平之后，是谁迫使巴珊尼把订婚戒指给波希霞假扮的年青律师？

安东尼，当然了，是整部戏剧的象征，不是吗？在涉及他所爱的两个人之间的任何争夺中，巴珊尼总是被他的商人朋友而不是他即将迎娶的年青新娘所引导。可是这样一来，她怎么

15

可能会欢迎安东尼到她家？

嗯，你刚刚已经告诉我了。你说她为什么欢迎他？

我猜，是因为她对巴珊尼的爱。

啊，也许。但再想想。她同样以安东尼的方式摆平安东尼。安东尼牺牲他的财富与生命，巴珊尼因此可以娶波希霞。波希霞同样将自己的财富给他，甚至为了他而欢迎她的竞争者。但是，这不是一个不情愿的欢迎。不，的确不是。观众一点也没有觉察。她真诚地欢迎他，因为她转变了。

是，但为什么呢？她是怎么转变的？

暂时先从安东尼的角度想一想。考虑下他的学习。在贝尔蒙他突然意识到他的救星是他的情敌。当他在法庭上置生死于不顾时真的是很高贵，告诉巴珊尼不要为他的死而悲伤，希望他跟波希霞快快乐乐的。他是真心实意的，而波希霞看出了这一点。他现在知道是波希霞救了他的命。然而，这一发现分两个面向：虽然现在他必须承认他的生命来自于她，他也意识到她现在知道他是多么深地同时恐怕也是多见不得光地爱着的丈夫。就在学会这些的那一刻，他被请进她的家。

哇。他一定被情感的冲突征服了。他可能觉得只有波希霞觉察到他是如何爱巴珊尼的；但同时他也意识到她是多么深地爱着巴珊尼。可是，为什么你告诉我怎么演安东尼？我是波希霞，记得吗？

啊，是的。但你看，在某种程度上，这两个人是彼此的镜子——这不仅是因为他们都爱着同一个人。他们是两个最高贵的角色：他们是唯一理解彼此的人。他们是高贵精神的同类。一个推测是这样的：这个戏由安东尼坦承他的痛苦以及对其来由的不明就里开场。也许只有到终场时他才真正明白自己为什么这么痛苦，以及为什么过去他不清楚。他现在不再是昏沉的。怪吧，他安东尼配得上她波希霞。

我懂了。这就是为什么你让我去琢磨安东尼：他是她的镜像。

是，部分是这样。让我请你换个另外的角度。巴珊尼最终学到了什么，不管是多么晦暗？

"晦暗"一语道尽。除非他完全是蠢的——我不认为他是这样——他清楚地认识到她，波希霞——我！——将始终是贝尔蒙真正的主人。她可能会说他是主人，但我们都知道她将继续是整个家业的头。

那这让他有什么感觉？

我从来不去想他的感觉。是你让我想的。这挺怪。我会说：虽说他会对小看他的男子汉气概感到一阵不快，但相当坦率地说，我认为他不会太在意。我不想这么说，但我想他为她感到骄傲。

我要说你绝对是对的。那么：她对他是什么感觉？

你知道，这方面你很强。这是个有趣的问题。不知怎的，我有种相似的感觉：她知道他是平庸的，也许对找了这么坨果冻似的丈夫感到一阵后悔，但坦率地说，我不认为她会让这种不满挡她的道。她仍然是爱他的。她用戒指考验他，他没通过。对此她也许感到吃惊，虽然她因为他的不够强而失望，可是她的爱并不稍减。实际上它甚至还增加了。这是终极的胜利，不是吗？她学到了，也许让她自己都吃惊，就像黑暗中的蜡烛或静默中的音乐，她的爱由于她的发现不是减退了而是增长了。她的爱就像粗俗的世界里的善行，如此闪耀。不仅如此，他们的爱就像真正的王；其替代者只是其外在表象。这就是真正的学习，难道不是吗？在表面中懂得实在。全剧开头的台词是全部章节的枢纽，我想我错过了它。

因此，准确说来，她不是从巴珊尼那学习，而是从她对巴珊尼的爱中学习。

以及通过她作为爱人的镜像在安东尼那学习。

是的，我想您是对的。我们说安东尼和波希霞互为镜像；但你喜欢的段落并不只是关于镜像的，而是关于表象与实在的。巴珊尼也许是弱，但波希霞对他的爱是实在的，并且从这一实在中她学到了真理。核心的台词是这一句，正如你所说的，关于一件好事闪耀在这昏暗的世界中。她在真爱中发现的她自己的喜悦就是这样一件好事。大千世界即便晦暗也并不重要：一件好事依然闪耀光芒；事实上它的光芒足以令整个世界失色。

她幸福地学到那个真理。波希霞学到了关于巴珊尼的真理，而在此她通过自己转化为一个真正的妻子学到的是关于她自己的更大的真理。真正地爱，不考虑那男孩的缺点。她对巴珊尼的爱而不是巴珊尼是她真正的老师。她因这一智慧而被转变，因此波希霞成了——嘿——波希霞，真正的波希霞。她三倍了自己二十倍。哈！我现在知道该怎么扮演她了。当她和奈莉莎走近贝蒙特，她对自己的喜悦略感惊奇。是的！她所学到的是真理；将她引向学习的是她对巴珊尼真正的爱。在她领会到这一真理时，她被转变了，她迎来了她的时机，因其转化而升华；那个真理的滋味，如果你愿意这么说的话，就是在她对安东尼的欢迎中的提味，就像盐调味。这仍然还是关于学习，但学习，甚至真理本身，现在的意味完全不同了。

17

二　惊奇

惊奇——不正好是知道

也不正好是不知道——

一种美好而无望的况味

未曾感受者便不算活过——

悬念——是她老成的姐妹——

不论成人于苦中见乐

或它本身即是新的踌躇——

这就是折磨人类的蠓虫——

——艾米莉·狄金森

　　这也许是我们反思中的阴暗面；但即便如此，要不是将与我们有关的事情以及将真理削删过甚，就不能对其置之不理。将惊奇抛在脑后让我们深感肤浅，仿佛我们是用可怕的代价换取安宁轻松，就像阿伽门农（Agamemnon）牺牲女儿伊菲格涅雅（Iphigenia）以换取顺风[①]，后果无疑是可怕的。不论好坏，这似乎是我们的本质的一部分，就像尽管不愿意，我们总是在变老。不论其根源是我们的愚蠢还是智慧，又或者两者都有——跟我们都有父母两人很像——它令我们惊奇，烦扰我们，甚至令我们颤抖。思致深刻的阿默斯特的艾米莉[②]洞察其难以把握的两面性：它也许是困扰我们的蠓虫，但如果我们没有因为它而转变，则我们就没活过。在这一更高的层面上，惊奇不能像一时的心血来潮或一通感伤可以被挥手驱离；它肯定不是对涌现在我们身边的新事物孩子气似的欢喜——这就是为何她称之为成人之乐。孩童的欢喜不会困扰成人。我们作为成人会为之惊奇的是它本身就令人惊奇的东西；然而，我们之所以会惊奇，部分是因为真理重要，有惊奇也是最真诚的。在柏拉图的《泰阿泰德篇》中，苏格拉底让我们确信哲学肇端于此；哲学也许从未超越这一开端。并非所有的惊奇都是有价值的；我们会对许多不值得惊奇的事感到惊奇；在俗语中，"惊奇"成了好奇的陈腐替身。恋人们惊奇于奇特的束缚给他们带来了奇特的快乐，神秘主义者惊奇于自己私密的开悟，甚至惊奇于其他人的无动于衷。忏悔者惊奇于深重的罪过，虔敬者惊奇于上帝的慷

20

---

① 阿伽门农是为讨伐诱拐其弟媳海伦的特洛依王子的希腊联军统帅。但是由于阿伽门农在一次狩猎中杀死了狩猎女神阿尔忒弥斯的神鹿，阿尔忒弥斯伤心不已，令爱琴海上一直不断地刮起逆风。预言家卡尔卡斯预言，只有把阿伽门农的女儿伊菲格涅雅作为牺牲献给女神才能改变风向。阿伽门农虽然伤心但最后只好同意照办。

② 艾米莉·狄金森（Emily Dickinson，1830—1886）是著名美国女诗人，其出生地为马萨诸塞州的阿默斯特镇。

慨。然而，几乎总是像是出于古怪的默认，在我们西方传统中，此种可疑反思的样板通常被归诸哲学家。狄金森诗的第一行指出了哲学家之惊奇的本质或起源：我们知道，然而我们无知——对这一诚实的二分的觉知，以一种无望但却美好的方式改变我们。如果诗人是对的，置身于知与不知之间，我们悬着，使悬念成为惊奇的老道的姐妹。

这是一种特别的悬念。我在不知道我的银行余额的同时知道天正在下雨，这里既没有惊奇，也没什么悬念。植根于惊奇的悬念存在于我们对同一事物的有知和无知之间；悬念作为惊奇的姐妹，在于以一种似乎与无知不相容的方式，深知何者关系重大，仿佛不知道竟是我最深刻却又最惊奇地知道的。我怎么可能不知道自己是谁？茫茫宇宙中我的归属在哪？意识到我不了解我自己或不知道我在哪，我学到了关于自己的什么？在提出这些问题时，我作为一个思考者的思被转变了；然而，这一转变不只是思维转换这么回事，而是我作为思者这一实在层面上的转变。我通过对自己的这一领会而整个地改变了。这一哲学性转变的本质是什么？

也许我们只是别无他法。被抛入这个混乱的世界，我们很快就发现，我们的实在跟其他人的一样晦暗不明，由于作为思考者我们寻求融贯，我们注定要在我们自身中寻求它，而那是最捉摸不清的；我们的渴求没有终止，也许恰恰因为我们从来没有找到我们所寻找的东西。但这一启示似乎可以对我们的自我困惑只是一个要通过更大的技巧去解决的棘手难题加以说明。在狄金森的诗中，这一现象以某种方式冲击我们，即我们所遭遇的问题与我们必须解决的其他难缠问题不可类比，像是旅居者置身于地球上某个奇怪的区域，或是漫游者在某个四处有路的盆地空间。它与其他这些问题不可类比之处，部分地是因为它不只与我们所寻求的解决有关，也与我们的惊奇背后的意义有关。

然而，将这一现象视为罕见可能是误导性的，因为它看上去说的不只是一些问题，而是所有问题。美丽但无望的状况跟罕见疾病不一样；因为如果不是这样，我们可以将大多数健康的人与之隔离，将它当作反常打发掉，像大自然的失序，或上帝给人使的个绊子。那同样是其苦恼的一部分：它既罕见又普通，既极度孤寂，又被热烈分享。只有极少的人能够或愿意钻研康德、海德格尔的巨著，或费解的芝诺难题；可是，即便是清洁工、建筑工人、矿工以及出租车司机，不但会有惊奇，并且同样不时会有深刻的惊奇。在这种二分中，我们也被悬搁在不假思索的平庸与高尚的发现之间。也许正是在精英化与平等化的这一单一面相中，惊奇展示其自身为两种方式或样式的联结，其中一个也许是另一个的转化。我们从来没法完全摆脱我们的平庸——这也许甚至是我们无法获得的拯救——但如果惊奇终究会发生，在某种意义上我们必须转化它，而不是完全切断它的源头。在这里，主导动机、枢纽词、对构成形而上学思考或惊奇的关键的当下暗示闯了进来；或许应该说是篡夺，甚至是攻击，就像军事入侵一样。什么是转变？是否应该把它放在引号中：什么是"转变"？指出惊奇同时是一种转变本身也许改变了形而上学的可能含义，就其最宽广或者哲学探索的意义来认识。但什么是转变？我们的思考？实在本身？世界？还是就只是那个词？看上去显然的是，如果我们说普通或平庸的东西被转化为了崇高或深奥的东西，我们的意思似乎是说，至少有一种通常的、现成的看待世界与我们自己的方式，然后被看待同样事物的另一方式所替代；在此，"另一方式"意指不管怎么说更好、更真（truer）、更深刻，或至少更奇特。有时候，一个词也可以做到这一点，这也是真的。这并不意味着语言具有某种魔力，好像默林（Merlin）①咕哝着正确的音节将王子变成青蛙；而是说，正确的语词通常在令人惊讶的境况中打开了新的思维方式，将在其他情况下难以触及的真理呈现出来。在前一章概述的头三个对话中，勇气、建筑、忠诚这三个词恰恰因为是日常语词而导致了转变，在特定语境中，这些词令思想的转变发生，让根本的、存在性的真理被发现——因为这些词都是日常语词，这一发现给我们的震惊更大。

新的问题喷涌而出，就像豆子从袋中撒出，在地板上乒乓作响。快，它们嚷着：告诉我们你说的转变是什么意思，这样我们才知道该怎么判断这个新说法。缺乏耐心总是妨碍学习；观念必须像上好的葡萄酒那样细细品味，因为其滋味不易捕捉，它令人不安，并且充满挑逗性。狄金森提醒我们，那折磨人的蠓虫看起来很微小，只是一只小黑虫，一阵小小的不快，一扬手就把它赶跑了。惊奇这种微不足道的东西，比蠓虫还小，却能绊倒我们，让强者陨落，这本身就是一个谜，甚至可以说这让人惊奇。这么微小的体格，大概应该让它长一长。为什么？我们想要被烦扰吗？或是我们想要研究小黑虫，从而避开它的侵害？转变本身也许是个将行动迟缓的巨人提坦设套绊倒的小东西，那是个当他跌倒在地时周边地面都起震动，他自己也发

---

① 中世纪传说中的魔法师和预言家，亚瑟王的助手。

生转化的家伙。[①]哲学思辨的主题也许也是被惊奇的小虫子烦扰甚至被放倒的提坦。这些巨人被突然撂倒，重重着地；就像被伐倒的大树，它们的树冠现在成了我们和我们的斧头可以触及的了。然而，我们自己的本质就是这些巨大红木中的一种，它使整个森林相形见绌：我们想要将这些高耸可贵的标杆降低到我们的水平吗？这似乎是一个低劣、匮乏、嫉妒、狭隘的行为，就像关猛禽入笼，或为了推销一种理论而去败坏一件伟大的艺术品——二者都只是一种恶意。蠓虫有害，让人恼火；可它真的能作为惊奇的隐喻吗？将所有东西都降低到容易接受的最低层次，把大厨的佳肴捣烂成宝宝乐那样的糊糊，这样谁都能吃得动，但没人会吃得有味。——难道转化就只是一种抹平？

泰勒斯告诉我们世界出之于水：我们正确地赞扬他，因为这是人类思想的历史中某些令人印象深刻和重要的事情的开端。然而，在这同样有些蠓虫似的东西。它将所有的东西都转换成同一种东西。诸神与丛山实际上是同样的东西，就像卵石和蚊子咬的痒；从根本上同一的角度看，国王与顽童、糖果和糖纸之间没有区别。困扰被转换成巴门尼德的哲学，一切实际上都是同一个（太）一。

转化不必然是贬低。但警告是真实的：这个词存在危险；转变不是缩简。正是柏拉图看出了毛病：本质的统一和实在的

---

① 提坦是古希腊神话中的古老神族，共有十二位提坦神。从这里的上下文尤其是最后一句话看，这里指的似乎应该是希腊神话中大地之子安泰，他一旦接触大地，立即获得力量，满血复活。

东西并非没有层级，而是有等级的。正是因为一个国家比另一个更正义，我可以把握正义的本质；多归约为一被转变为辩证的等级，从而转变为分有的形而上学；王比摄政王好，但二者都存在；阳光比烛光明亮。重要的是层级，而非物的排列。我们说到柏拉图的理型（forms），而理型是转化的词源中心。平凡的事物被非凡的思维（称为辩证法）所改变；非凡的激情（称为爱）将自身转化为对真理的爱，而不是对纯粹事物的爱；只有真理才是我们解释事物的依据，不仅在事物的相同点上，而且在不同点上。我们自己也被思考的激情和方式所转变——变成哲学家。真理是被热爱的，它不是基本要素，如水，甚至也不是理论性的解释本身，而是令我们能够给出这样的解释，从解释抽身撤步，甚至判断它们，对它们进行批判，将它们升华的东西。这是在珠穆朗玛峰层次上的转化：是所有中最高的。我们被这种能够分等级的奇异能力所转化，变得爱真理，而不仅仅是命题，或者真理的内容。

因此，在这一阶段要求对"转化"下一个精确的甚至是规定性的定义被揭示为从我们所要做的事情的倒退：我们暂时想要惊奇于惊奇，模糊地意识到，也许在某种意义上，以这种方式感到惊奇就是转化，被转化，学习转化。我们从形而上学探究的话题转向了探究的过程或者其发生；甚至可能会问，探究意味着什么？做什么？做形而上学？它是可以做的吗？被充满激情地做的？

仓促可能又一次表明我们的无所作为。从字面词源来看，哲学并没那么富于激情：philos 的意思是朋友，而不是充满情欲的爱人；sophia 的意思是智慧，而不是真理：哲学家只是智

23

慧的朋友，是一个温和得多、不那么令人生畏的群体。是柏拉图笔下的苏格拉底在结论上稍稍作弊：他声称哲学家爱真理。这可能被称为公开作弊——我们并不介意这种作弊，因为它是如此公开，而且即使结论不成立，我们也能获得更深刻的见解。我们允许莎士比亚在他喜剧中像这样说假话，让普罗斯彼罗（Prospero）和小精灵（Puck）① 用魔法兴风作浪、调皮捣蛋；我们不介意认可魔法花汁能让莱珊德（Lysander）爱上海伦娜（Helena）而不是赫蜜雅（Hermia）；这本身是戏剧游戏的一部分。但这个类比同时令人困扰：如果哲人关注真理，而不只是激情更不是魔法，那这一许可难道不是许可得太多了吗？也许是这样；然而，仅仅为了正确和逻辑霸权似乎付出了过于高昂的代价：批评对于思想来说是本质性的——所有观念必须经受挑战——但推理规则本身生产不出任何东西，而对他人思想单纯否定性的批判，避开的是源始性的任务。惊奇不是一种算子或一套运算法则，也不是对规则的应用。规则是用于什么的？我们太知道自己的无知从而不会为逻辑所倾倒。我们太清楚自身的弱点，以至于不会一根筋地受惑于让人兴奋的浪漫惊奇。同一个苏格拉底发现爱欲对于其探索的必要性，他也称自己是牛虻和情人。他质疑未经省思的东西，我们认为这是身为哲人其本质的一部分。狄金森笔下的蠓虫是对牛虻的重写吗？我们是否必须受蠓

---

① 前者是莎剧《暴风雨》中被篡了位的米兰大公，后用魔法复仇，复得土地与财产；后者应该是《仲夏夜之梦》中的小精灵，他们用一种神奇的植物汁液滴入年轻人眼中，让原本并不相爱者爱上醒来后睁眼见到的第一个人。

虫或牛虻滋扰，甚至被放倒，才能品尝到惊奇全部的滋味？

我们不是由起点开始，而是由中间开始。前一章中概述的五个对话所预设的跟所给出的一样多。它并没有急吼吼地主张害怕可以被转化为勇敢，或者看可以经由艺术转化为观。在这两个特定现象中，我们通过转化想表达的是什么意思？我们知道恐惧意味着什么；我们也知道我们恐惧。孩子看到狗，感觉受到威胁，然后跑开；这没什么好害羞的，有的只是松口气。这表明，恐惧是自然本能，这样的设计让我们在危险中保护自己；我们甚至会设想，进化过程自然地将那些缺少恐惧感的物种淘汰掉，因为，不知恐惧的物种对捕食者来说唾手可得。即便是在这一自然或进化的层次上，我们甚至凭本能知道，存在这样的时刻，那时进攻是比撤退更好的防守策略。我们对着狗叫或者吼，狗溜了。我们在攻击与落跑时可能同样害怕，但一个同时懂得进攻和防守的物种会更适于生存，因而比只以防卫保护的物种更容易延续。为摆脱来自恐惧的痛苦，以进攻而不是防守为策略的一种恐惧的自然本能，这就是勇敢？或许吧。再加上使我们走到一起的社会本能，我们甚至可以说这是自然的——即，进化的——去训练年轻人冒险和忍耐，教导他们何时进攻，何时逃跑，因为一个培养了这种战士特征的部落或团体比一个没有这样训练它的战士的部落更成功，适应性更强。即便是这样一个看上去自然的解释——它肯定仍然是不充分的——也可以被视为转变：这些进化的每一步都是向更高层次的个人和社会存在的转变。在这一层次的解释上，勇敢作为转化了的恐惧就像蝴蝶之为蜕变了的毛毛虫。

然而，在第一个短剧中，年轻人不仅害怕被枪杀，而且

24

害怕自责；可以说，正是他内心的斗争以对话的方式外化，使勇气得以显现；让我们可以去思考它。纠结属于作为现象的现象——也就是说，除非存在纠结，上述两种害怕没有任何意义。除非是，通过纠结，它出现——正如现象必定显现——否则我们没法思考关于它的真理。这场斗争，由具体的对话开启，改变了我们读到或听到谈话的人，就像它把这个男孩从一个只有两种恐惧的人变成了一个对他来说怯弱懦和勇敢都是可能的人，因此也变得有意义了。不是恐惧说明了勇气，而是勇气说明了恐惧；但现在，必须依纠结来看待勇气，而不仅仅是依正当的害怕的呈现理解勇敢。这将意味着，假如这个小伙子跑去帮助他朋友时一点都没有纠结，那他算不上是真勇敢，即便仍然可以说他很胆大，并且因此而被赞赏。如果纠结是勇敢的要件，那么我们就仿佛在几乎是不经意间滑向整个不同的另一条思考路径。

当这个担惊受怕的男孩公开表达他受到的痛苦折磨时，他可能会发现，在街上受到威胁的害怕是外在的，而让他留在原地的害怕是内在的。当他想到街上时，他担心的是什么会发生在自己身上；当他考虑回家时，他考虑的是自己的行为会导致自己变成什么样。一旦提到"勇敢"这个词，他对自身痛苦的思考方式就发生了改变：不再仅仅存在两种可能的行为方式，现在必须认为其中一种比另一种更有价值。然而，事情远不止于此。他所成为的是更真实的，从而较之其行为更实在。[①] 这还不是道德的考虑：走到那条街上可能仍然是愚蠢的，因此也是

---

① 作者这里想说的是，你"是"什么比你"做"什么更本质。

不道德的：危险可能是如此之大，而他帮助朋友的能力可能是
如此之微不足道，选择前者可能只是鲁莽行事。在这里，实际
的选择并不缩简在勇敢这个词上，怎么想才是要点；这种思考
改变他的程度也是如此。问题从"哪种行为更让人害怕"变为"我
要成为什么样的人"。正是因为他意识到，自己是谁以及变成什
么样是很要紧的，这一心头之痛——他可能变得自己都瞧不起
自己——改变了他。直面自己，而不是各种选择，会深刻地改
变他：他可能再也不会跟原来一样了。他意识到，对自己的正
视改变了他，这是一种存在论上的转变，远远超出了单纯道德
困境的计算。这是思想的转变：他被转变，因为他在思想上被
转变。因为这样，读者也可能被转变。

　　说到这个小伙子的被转变不单单是指出他的变化。存在上
的转变有其地位，就像惊奇那样；虽然这很难被切分出来。我
们可能轻描淡写地使用这个词，指出他的午餐将他由饥饿转变
为餍足，或者报纸上的一则消息让他对某一话题从无知转变为
有识。虽然这样的用法在辞典中可以被允许，但这种随处可见
的日常说法显然消减了"转变"一词的哲学意义。指出他与恐
惧的对峙转变了他，需要一种特定意义的深刻性与改变的持久
性：他不仅仅是改变了而是根本地转变了。副词根本地现在是
关键；但如果它只是作为一个单纯的替代品，给出一个循环——
存在性转变要求根本的转变；而我们将根本转变刻画为存在性
转变——那它什么也没揭示出来。这些反思并不是那么肤浅的；
"根本的"一词意指本质的，这个词解释而不是被解释；一个根
本原则是这样的，它不可由别的原则所派生，也不能被归结为
别的原则；并且，如果特定的思维方式要发生，它还必须是被

预设或者被预先假定的一个原则。当我们用"根本的"形容改变了那个害怕的小伙子的转变，它意味着，他从中所得到的关于自我的认知是不可避免、无法逃避和具有启发性的。纠结本身并不意味着他会做出正确和勇敢的行动，不意味着他再也不会以这样的方式面对自己，也不是说纠结会保证他一直勇敢，虽然它确乎能够让他做到这一点。

意识到熟悉的事物可以使我们感到惊讶（surprise），并通过这种惊讶产生惊奇（wonder），这有点吊诡。这里的关键恐怕还是已经提到过的惧怕外在威胁与担心内在渺小之间的区别。虽然害怕和勇敢都是熟悉的观念，当依我们自己是什么以及会变成什么思考它们时，事情变成根本的或形而上的，正因为我们是根本地实在的，意即根本性本身让我们惊讶，或者施强力于（do violence to）平淡无奇的实质：庸常。这种强力会被认为是它的短处。我们本身是实在的，但日常思维奇怪地让我们背离这一实在性；由这一背离中被唤醒就是惊讶，虽然惊讶我们的是离我们最近的我们自身的实在。勇敢让我们惊讶，因为它揭示了我们被非根本性思考掩盖了的实在。即便如此，惊讶似乎注定是短暂和突然的，而惊奇却可以持续，因而是更真的现象。

现在对第二个短剧稍加考虑应该是有帮助的。在某种意义上，类比是容易得多的。艺术允许我们将寻常的看（seeing）转换为可以称之为非日常的观（looking）[①]，在这里，观这个词

---

① 孔子曰："诗可以观。""观"含"见"义，陶诗所谓"悠然见南山"，"南山"直现面前。见，观，现，均从"见"。

意味着：以这样的方式观看，从而撷取对本质或者说事物的意义的理解。如果类比是成立的，我们看到，由看到观的转变是通过搁置语境实现的——闪回诗人所说的，惊奇老成的姐妹是悬念；只不过现在悬念不是指居于两个极端例如无知与知识之间，而是撇开或搁置，就像搁置判断。如果我们将各种瓜葛或兴趣搁置起来或撇开，这里剩下的就是对观看的欣赏，只有首先让我们的日常感知消散，欣赏才会到场。我们会以许多方式注意到这一点；例如，我们说让我们从日常关注中抽离的"审美距离"，或者华兹华斯（Wordsworth）的"在平静中想起的激情"，或是我们"对怀疑的悬置"。对于那些思考艺术的好奇力量能够感动我们而并不敦促我们采取实际行动的人来说，这些短语很容易理解。然而，我们不光是在文学批评的领域发现对日常的排除，形形色色的哲学家，如柏拉图、康德、叔本华、尼采以及海德格尔，在追求哲学的真理时，都扩展了这一搁置日常事物的力量，使这种搁置得到了最广泛的应用。柏拉图在《理想国》第五卷中，敦促我们不仅要看到美丽的事物，还要看到美本身，拒斥那些没有这样做的人，认为他们就像在昏睡；康德向我们表明区分现象与本体的辩证必然性，前者由知性法则决定了其发生，后者则只能以形式化与范导性的方式来推导；叔本华区分日常思维与非日常思维，前者遵循充足理由律，而后者摒弃充足理由律，直接聚焦于本质；尼采区分末人与超人，前者将成功与满足当作最高成就，后者孑然一身，由于对这一满足的鄙视得以把握存在的本质；海德格尔因其关于本真存在与非本真存在的区分而令整个存在分析成为可能；人必须出离沉沦在日常性中的自我，在罪责与对我们必死有限性的把握中发现真我。

27　　这些本来极为不同的思考者最迷人的地方，是每个人都描述了某种类似神迹显现的特定具体经验，它要求挣脱日常思考的锁链。对于柏拉图来说，这是情欲之爱骇人的疯狂；在叔本华那是艺术天才；对尼采而言，是对自我的憎恶；对海德格尔来说则是良知与罪责。在康德那里，导致改变的经验反讽地是形而上学地思考的行为本身，它通过作用于我们自己推理的二律背反的巨大力量改变我们。对这些思考者中的每一位来说，不但必须撇开有限或日常的思考方式；这样的撇开为艺术的特定力量所必须，艺术的力量之为必须，则是因为日常思考的霸权如此显眼地强大。与第二个短剧所描述的转变最为接近的哲学家看来是叔本华，他声称艺术天才自己就能提供中止充足理由律的必要力量。短剧中的两个旅游者处在一种悠游的度假情绪中，与第一个短剧中的严峻相去甚远；当他们像朋友那样平和地指责并挖苦对方，事实上你可能几乎感觉到一种喜剧效果。然而，明显是对环境和利益的搁置，让他们可以从看转变到观。第二个短剧轻巧的喜剧腔调也许完全不指向任何强力；但他们之所为——驱除日常——被揭示为同样事关重大的成就。如果是建筑艺术本身提供了由单纯看房子到对建筑的纯粹惊奇的转变，那么力量已经在此。我们可能欣然为像《仲夏夜之梦》这样的浪漫喜剧的演出感到快乐，但它并不稍减情爱的力量；正是通过喜剧艺术，其所传达的力量成为可接受的。艺术如果要被理解为冲破充足理由律的力量，它自身必须是强烈的。

　　对上述五位哲学家关于强力的说法的思考不应分散我们关注的焦点。要点是，我们把惊奇理解为悬置或出离日常思维的转变——惊奇怎么可能是日常的？是叔本华澄清了什么是被搁置的——充足理由律。对他来说，搁置所要求的特殊的强力，即艺术天赋。如果哲学被理解为惊奇——并不只是在惊奇中发生——这同样也是一种强烈地将日常或通常思考搁置的转变行动。危险的不是我们会将这一转变说得过于奇异；恰恰相反，危险的是我们没有将它说得足够奇异。那就是为什么我们必须聚焦于惊奇；惊奇归根到底是奇异的——那就是这个词的含义。意识到这一点也许是奇异的。

　　尽管这一定很奇怪，惊奇仍然是一种转变，并且所有转变都是由存在的一个阶段或方式到另一阶段或方式。勇敢仍然害怕，旅游者仍然感知建筑，超越日常的思考者仍然在思考。起源并未完全被摒弃；那就是为何这个词是"转变"而不是"超越"或"替换"或"更替"。思考世界和我们自己独特的存在并非离开世界，也不是将自己与我们在其中的具体存在相分离。当我们惊奇，或当我们被艺术所转变，我们没有离开自己的肉体而留下灵魂，也没有穿上能给我们超自然力量的魔法斗篷。我们不采用一种幻觉的语言，以一种非常的方式神秘地或通灵似地说话，擅自从具体可验证的话语到滥用神秘的胡扯。这无疑是个挑战：在什么意义上是由合法转变获得的奇异而非堕入迷信？即便是在这个反思性的问题中，拟人论和还原论这一对相互对立的难兄难弟也威胁着我们；但这一威胁不是吃人魔鬼；我们不知道如何躲开它的这两种形式。理性携带批判性的防御，让我们看到危险，并且如果不是完全克服它，至少足以不让它们恶化，从而不至于完全放弃奇异，也不会由于思考奇异而将其日常之根完全切断。惊奇无保险，因为我们之所以会是惊奇者

28

是因为我们是有限的，因此在惊奇中我们是会犯错的，正如我们在正常意义上会犯错一样。我们可以确定的是，完全没有惊奇，我们很容易犯更大的错误，那些禁锢我们、简化我们、贬损我们的错误。冲破牢笼也需要强力。我们走进惊奇，不管是否是打算如此；我们会因恐惧或艺术而被转变，无论我们想这样还是不想这样。

上述预备性的反思让我们现在可以提出第四个短剧所暗示的本书的中心见解或主题。许多世纪以来，哲学惊奇的最高层次一直被称作形而上学——这一点以后需要进一步的分析——形而上学通常被理解为关于实在的研究。现在要指出的是，形而上学是我们思想的根本跃升；这一跃升是从关于我们自己和世界的日常思考到超越日常思考，只有后者能让我们直面我们的实在。一个几乎被抛弃或者说被忽略，而现在需要被重提的问题，是这一跃升的性质与意义。我们对此曾有过一瞥：恐惧作为一种自然事件，可能被日常思维所利用；当深入地直面它时，这种恐惧被转变，使勇敢成为可能，而这一过程只有通过超出日常的思考才可以被理解，因此变得勇敢与形而上学有关。恐惧表明我们如何反应，也许甚至是我们为何及怎么反应，但勇敢揭示我们的本质，我们的实在。建筑艺术将我们情境中的看转换为本质性的观；陪审团面前刑事案件的简单事实，可以因指出"忠诚"一词而转化为对被告品格的形上理解，从而可能导致不同的判决。

29　　这一建议有一个显而易见的后果，似乎一经提出就会跃然纸上。如果从形而上学的角度来理解这种转变，那么这门可敬的学科的范围就会发生巨大的变化和很大的扩展。关于什么是形而上学的适当主题，康德似乎是最吝啬的，他声称只能有三个：上帝、灵魂和自由。当代的分析思想家们则提出了更多的问题：身心问题、自由或决定论、外部世界的存在（！）、真理的本质，以及再一次回到原初，什么是终极本原？这种按照主题来看待形而上学的方法非常适合分类学家，但却不利于那些批判性地思考问题的人。我们不可能事先知道全部的主题是什么或它们应该是什么；但我们可以意识到，我们思维的深刻转变必然会提出某些似乎不属于传统清单的主题；甚至传统清单上的那些主题也必须根据我们思维的根本转变来重新审视。

　　无论主题是什么，即使它们是冗长而难以捉摸的，或是传统的和受制于糟糕的分析，对哲学转变的探究都不能完全离开它们；我们知道的只是，主题不能先于探究而存在，因而也不能决定探究；事实恰恰相反。既然探究本身就是转变性的，那么有一个主题似乎值得首先思考。

三　存在之实

严格说来，形而上学惊奇的主题就是存在之实（being31
real）。^①这儿的措辞必须加以强调："实在"（reality）这个词要
么是像"平等"那样是从平等的东西那抽象出来的，要么是个
集合名词，如同"全体公民"出自"公民"；而且，虽然它能
被合法地使用，但其非法使用（尤其是将抽象的东西实体化）
的危险是相当大的。将为实（being real）而非实在（reality）
界定为单一的形而上学主题既更稳妥，亦更具真理性。虽然，
预先说一句，出于句法流畅的考虑，我们也会使用后一个词。
进而，不可避免地为实——虽然这完全不是明显和不言自明
的——是我们自身之为实，而非外部客体的"存在"——它本
身是个危险的用语。我们自身之为实，这一排位并不暗示唯我

---

① being real 从语法上说是 to be real 的名词性词组，直接含义是"为
实"，其与名词性的 the real 及名词 reality 意义无异，但语感上有微妙的
不同，故这里不译为汉语里读来更顺的"实在"，而视语境译为"存在之实"
或"为实"。这里可以补充的是，real 除了"实在"义，亦有"真（实）"义，
例如：Really?（真的吗？）

论或以自我为中心的孤绝，因为，为实包括在世界中的在。的确，危险完全是另一面的。在我们周边，用来了解事物的资源如此易得，而这种关于"实在"是在实体——这些实体是我们经验知识的对象——中，甚至局限于实体的未经批判的观点，又有很强的说服力，以至于关于我们自身实在的意识成了稀见甚至可能是怪异的东西。追问实在是如此之重要和深刻，它与其他任何种类的探究都完全不同。因而它是一种惊奇。

这看起来是反直觉乃至骇人的。对我们自身实在——即我们自身之为实——的探究中什么是如此稀有、特别，或者令人不解的？它肯定无可否定地是被给予的：我当然存在！谁能否认这一点？或者如果我们愿意进入哲学史，不是每个学生都知道笛卡尔的*我思故我在*吗？关于我们自身之为实的探究与笛卡尔关于我是否存在的确定性的探索完全不同。眼前所追问的是我们存在之实（being real），而不是我们是否存在（exist），并且肯定不是关于我们存在之确定性的考虑。我们每天以各种方式不假思索地知道自己存在着，但很少这样知道我们的实在。的确，认识到任何事物形上地为实要求特定的聚焦，而这又要求转变。举个例子，对"苦"我们可能已经琢磨得够多了：如何忍受它、躲开它，辨识其类型，对受其困扰者表示同情，为其合理性伤脑筋，诅咒它，以及认识到在艺术的反思性探险中其所扮演的角色。然而，这些值得注意的考虑没有一个触及苦的实在——它的形而上学意义以及否认它所固有的幻想。称苦之为实，就是把这种现象看作是我们本质中不可抗拒的一部分，一种存在的必然性，它暴露了我们作为有限者的脆弱性，同时将这种脆弱性转变为特定的惊奇，让我们能够根本性地学习，从而获得真理。但是，假如像苦这样普通的状况的实在性都是罕为人知的，那我们自身存在的实在性就更是如此。对我们自身之为实的探究需要付出特别的努力，恰恰是因为我们不断面对的不是我们自身之实，而是我们的实际存在；不是面对我们之为实，而是我们被分割成的各种各样的功能：我们将自己标签化为主体、行为者、身体、灵魂、一束欲望或寻求满足的自我，想要各种非必需品的消费者，或在上百种不同游戏中扮演的各种角色。假如我们要将自己的思想从这样一些标签中转换到我们自身之实，我们还必须意识到，我们自身之实似乎是被反常地设计成不展露自己，就好像实在本性的一部分就是隐藏或掩盖我们试图捕捉的特定实在性。假如我们的实在本身是如此羞涩和难以捉摸，我们也必须问一问为什么是这样。

　　为实意味着什么？我们的第一个直觉是说，为实意味着非虚妄、非表相。我在镜子里瞧自己，说：这个影像虽然存在，但它不是实在的；我才是。紧随于此的是，说为实包含特定的独立性：我不仅仅是别人的幻象，也不仅仅是某个更大实体的特征，也就是说，我不是对别的东西的谓述。这是来自亚里士多德的启发，只有存在（ousia）可以言说别的东西，而不能用别的东西来言说它——这个论点在拉丁文中引发了以存在（ousia）为实体（substantia）的不幸翻译。这些初步的想法富有见解但却是危险的，因为"实体"一词已然包含着专注与我们自己不同的东西的倾向，比如一个蜡球，由之了解独立实体的意思，然后回过头来将这些发现用到我们自己身上——这正好是为我们更为在先的领会所不能接受的，这个领会就是，我直接知道而非间接或推论地知道自身之实。如果我不是一个更大的包罗万象的实在物（entity）的特征或谓述，那我也不可能仅仅是一些更小的实在物的产物，而这些实在物用更根本地实在的、非我的"砖块"搭成了一个构造物——我。因而，我自33 身存在之为实不可能是构造的结果。只有在将非人的、外在的实在物作为虚构的"外部世界"的基础的无效方法中，我的实在可能为构造物的想法才被考虑。但我不是说，外在的是实在的，因而我也是——而是说，我作为我是实在的。我不需要质疑其他事物的实在性，我只是不考虑它们。是的，说我之为实就是说我是不可还原的；这就是为什么我们认为构成我们尸体的物质元素继续存在，而作为实在的我，在我未来尸体的存在中是不在场的。当然，这一反思不能被用来证明或否定无形体者或灵魂的存在。

除了在某种意义上之为独立的之外，说我之为实至少足以让我意识到我不是别的，同时必定意味着我之为实构成我之为真的基础。实是真的基础，但在引发根本性转变的反思性惊奇中，真理是实在的可通达性，因此，任何的真必定是对实在为真。作为这一理解的结果，如果对我是谁和我是什么的深刻学习提供真理——并且所有真正的学习都是真的——那令其为真的是我的实在。因而，如果我会惊奇是真的，尤其如果我所惊奇的是关于为真这回事，它是真的是因为我之为实以某种方式令真成为可能。

我们现在可以看到转变的重要性。对我们自身实在的探究不只是各种可能探究中的一种；这不只要求思维方式与风格上的深刻转变，同时还有赖于我们自身实在方面同样深刻的转变。我们从衣着体面被转变为羞人的裸身，不只是从思考到被思考——这种被我们自己的思维所思考的东西改变了我们的思维——我们在自身实在上被转变了——也就是说，我们在形而上学层面上变得不一样了。正像对我们的恐惧短促而可怕的正视之为勇敢极大地改变了恐惧的意义，直面自己之为真也从根本上改变了我们的意义。然而，与特定的转变如勇敢和艺术方面的转变不同，在深刻追问我们自身实在的语境中，没有什么简单的现象是充分的。我们问道：如果遭遇我们自身实在是一种转变，我们是从哪里以及向着什么转变？常规的回答是很容易给出的：从对自身实在的不知转变为有知，作为其结果，存在之实现是要紧并且可思议的，这在转变前的存在模式中是不可能的；更为惊奇的是，我们的存在之实在本身被转化了，多少像是隐秘的存在因被发现而变成非隐秘的，或者镜中的影像被转变，从貌似是第二个人到被觉察为只是映像。然而，从我们自己的存在到存在之实的转变不是像秘密或镜子那样只是视角性的。我们知道人们说人的顿悟，像皈依新的宗教改变他的行为与外观到如此程度，以至于他说自己是一个新人；或者一个信仰者经历如此巨大与无谓的邪恶，他完全抛弃了关于上帝的信仰。在这样的情况下，不承认说这样的人在某种意义上已经被转变似乎是粗暴无礼的。然而，你会说，人们所经历的这种顿悟是深刻的心理方面而非形而上学方面的转变。也许吧！但提及这样的顿悟并非意在将之视为典范，只是表明，我们自我理解方面的深刻转换有其相似物。一个更恰当的比较也许是发生在由孩子到成人的转变——但这一转变具有如此丰饶的形而上学丰富性，对它的阐述需要整个一章的篇幅。然而，在进行这样的分析之前，需要考虑关于形而上学之终极的混淆。我

34

们为什么追问自己的实在，而不是我们的存在或我们作为实在物的情形？

当哲学家们即便试图追问何者为基本性时，他们不幸面对相当令人困惑的可能清单；更糟糕的是，他们发现，大多数的思考者简单地以为，他们自己的思考是开始探索的唯一和明确的途径。什么样的范畴锁定基本性的追问？例如，康德声称，说某物存在就是说它不过是可能经验的对象；他因此否定纯粹理性可以证明任何事物的存在；因此，毫不奇怪，理性无法证明灵魂、自由和上帝的存在。虽然他不否认三者可以被思考为真实的。这将实在置于存在之上。海德格尔认为，实存（existence）与实在（reality）均归于更根本的概念"存在"（being）之下；进而，对海德格尔来说，实存意味着与对康德和笛卡尔来说完全不同的东西。在其他的传统中，尤其是在分析的知识论者那，基本的范畴似乎是世界，或者其他可能的实体，它们要么构成世界，或者，如果世界本身也是一实体，是在世界中的东西。

在这种可能的终极或基本追问方式层出不穷的情况下，思想者似乎只能依靠自己的本能或传承，并相信自己的追问可能会表明自己的追问方式是否正确。也许是这样；但我们不必如此贫乏。我们有可能不仅仅列出自称是形而上学问题提出方式的候选方案，而是以分类学的方式列出这些方案，从而提供一种批判性的方法来理解每个问题的内涵——即我们如何提出问题——并以这种理解来评价它们。清单不需要是完备的，但历史上主导性的说法应该被包括在内。应该强调的是，我们分类学地列举的不是各种形而上学理论的清单，仿佛我们是在区分唯物主义与唯心主义，或过程形而上学与基于实体的说明——因为，尽管这些理论是重要的，它们仍是思想的答案性产物，反之，目前的清单关注的是决定我们如何设定问题——问题意识——以及因而如何回答它的前理论追问。这里似乎有三个主要候选者；面对标示它们的需要，看起来要么选择发明新词，要么依靠传统的标签。二者都有其缺点；但新词通常导致更多的混乱而不是带来更多的澄清，而且，只要给传统词汇配之以可预期的警告，它们似乎更有帮助。因此，我建议将基本问题意识——即前理论的，几乎是本能的发问方式——分为三组：（1）宇宙论的（cosmological），（2）思辨的（speculative），以及（3）形而上学的（metaphysical）。

    1.宇宙论问题的中心与指导性的术语是世界（world）和事物(thing)这样的词。前者包括这样一些变体：万有(universe)，宇宙（cosmos），造物（creation），甚至这样一些不准确的术语如万物（everything）。宇宙论的第二个词"事物"也有一些变体：包括实在物（entity），实体（substance），存在者（beings），以及在更抽象层次上，现实（actuality）。"世界"是所有哲学用语中最危险的，部分是因为它是如此诱人和含糊。诱人是因为它似乎可以发挥支柱甚至大地的功能：不论存在的什么事物都属于甚至构成世界。含糊是因为它暗示了太多不同的读法，尤其是"外部世界"一词，好像"内在世界"是要被完全抛弃的，或者更糟，要求在二者之间有一个不可沟通的二元论。莱布尼茨引进了有史以来最大的扩容，让我们相信可能世界的无限性，这把所有东西都可怕地搅成一团，因为，当把"世界"这个用语当成最终问题域，其全部要点就是将一切——甚至是可能

35

性——全数囊括在内。然而，莱布尼茨提出可能世界的无限性揭示了用这个词作为终极形而上学支柱的诱惑力有多大。世界之外是无。当然这就是为什么泰勒斯告诉我们世界是由水构成而开启了宇宙论者的理论史。即便当代思想家也毫不犹豫地将世界当作终极的形上问题，问：我们如何去理解世界？他们问这样的问题，好像康德从来没有存在过。

第二种宇宙论问题似乎支配了我们古怪地称为"摩登"（modern）① 的时代，此时笛卡尔探问事物或实体。指出世界就是所有事物之大全是一个深刻的倒转：事物与世界哪一个更基本？哪一个解释哪一个？这是否简单就是整体解释部分或部分解释整体的事？或者我们意识的当下直接性支持笛卡尔的观点，我们自身的存在是无可逃避的，因此这件事物即我们自己的心灵必须设定为所有思辨的特定词汇？希腊人从世界开始，以此为始到达心灵；笛卡尔和他的追随者从心灵之为实体开始，尔后到达由三种东西构成的世界：物质、精神以及神。看起来不应将实体形而上学理论与世界中心的宇宙论相等同，但笛卡尔关于什么是物的分析依赖于外部世界，而蜡球② 是这个世界中的一个东西。不论我们是从世界开始，并依此描述事物，或者由事物开始并视世界仅仅是这些事物的总和，基本的问题仍然是宇宙论的。说到底，斯宾诺莎将这一点看得相当清楚：如果

---

① Modern 是一个时间上下限不甚明晰的词，它既可以指中世纪之后即非古代，又可以指现代，从而与 contemporary 即当代有部分重叠。

② 蜡（球）是事物可以在其上留下印迹的东西，西方哲学史上往往以之比喻心灵。

你将事物界定为实体，并坚持实体是独立的，那就没有什么能
阻止你意识到，只可能有一个实体，从而世界是事物并且事物
是世界。

不论是从发问世界还是从发问事物开始形而上学探讨，都
将这一探讨外在化了，这常常伴随灾难性的后果。我们的确想
要认识世界和事物，我们日常关注的大部分问题都相当恰当地
指向这一问题域。由于形而上学是对关于这些事情的日常关注
的超越，由关于这些事情的发问开始的探索偏离了根本性探索
的独特地位。或许内在于宇宙论问题意识的两个最大的问题，
是将终极者视为外在世界即自然界的可怕倾向，然后，意识到
危险，将外部世界与内部世界联系起来的需要作为一个错误的
问题，臆造出所有问题中最虚假的心／身问题。

2. 在宇宙论终结之处思辨问题意识开始，由心／身问题转
变为心／身之始。因此，关键词不是世界与事物，而是原理与
系统（我借"系统"表示的是令融贯可能者）。事物成了客体，
世界变成绝对者，或者是令实体可思议的系统（在所有那些存
在的意义上）。如果宇宙论问题意识的危险是把我们从外部世
界中孤立出来，或者归结为外部世界，思辨问题意识与之对应
的危险是将何者存在等同于它是如何被思维的。在此有一个从
这一问题意识到认知之为支柱的决定性转向。不是从事物之为
赤裸裸的所与（given）开始，我们将事物界定为经验感知的
对象：事物之为事物就是依空间、时间和因果性被思考者。然
而，尽管看上去是认识的霸权——是什么是由我怎么思维决定
的——依意识提出终极问题的本能仍然是一形而上学行为。尽
管极端或彻底的主观唯心主义者是很少的，绝大多数其原初发

问发端于我们的思想的思想家，并不否认在我们之外实体的本然存在。它比这更微妙。例如，一般词典通常将形而上学界定为关于终极实在的原理的研究，希望读者把注意力集中在最后的"原理""研究"两个词上。要这些词典编纂者指出形而上学是研究实在本身的多少有点难。他们为什么要插入"原理"，好像只有原理才是可以被研究的？即便是"研究"一词也表现出偏见：形而上学是学术中被认可的、可确定的一个学科。这样说没什么错——在学术界有形而上学学者——由于大多数研究都要求原理，确定可运用于实在的原理看上去并无不妥。但是，纵火犯和消防队员不是用来解释火的；那是另一回事。

奇怪的是，尽管存在着这些思想家的认知偏见，一个几乎与原理齐平的核心词汇是"存在"——被理解为存在物（或者甚至：存在着的事物）的抽象。他们值得称赞地认为，原理从来不是自由飘浮着的，它们总是关于某一事物的；随即出现的假设是，它们是关于存在着的事物的。但是，这样的存在从来不是独立于令之融贯的原理被思考的。原子存在吗？上帝存在吗？自由意志存在吗？人存在吗？不论某物是否存在，是否可能存在，或者不可能存在，必定存在，都需要一个融贯的系统，包括不可避免地需要原理的模态逻辑，这些原理比它们所解释的事物更基本。部分是由于数学（作为原理）与科学（作为实际事件）的类比，原理与存在者的统一在近几个世纪给予思辨问题以相当的声望，虽然这一声望也许是苍白无力的。不过，问"什么存在"与"什么是事物"，甚或问"什么在世界中（或什么构成了世界）"，它们有什么不同？许多思想家相当乐意地将这些词混为一谈，声言不论存在的什么都是被认识为一个事物的，任何事物之为事物是因为它存在于世界中。其间的区别也许是难以捉摸的，但却至关重要。如果世界是提问的终极基础，那么实体或事物存在是因为它们在世界中；但如果存在和原则是终极性的，世界就是从这样的观念——世界成了存在着的事物的系统——中派生出来的。宇宙论问题意识首先是外在性的，其次是内在性的；思辨问题意识将我们是如何思考事物的（通过原理或系统）放在什么事物、世界存在或事物、世界是否存在之上。许多伟大的思想家同时使用这两套术语并不颠覆问题意识的首要性；他们是如何将它们混杂在一起的是由他们首先采取哪种方式决定的。这并不意味着某一思想家不能改变他的问题意识；然而，当他改变时，他通常将之视为一种转变。进而，正如第一章中那五个短剧所示，这是由简单一个词或一些词触发的转变。

3. 形而上学问题意识——在三种可能中它是唯一要求转变的那个——以这两种方式之一发问：实在或存在。既然可以像康德一样认为，说某物存在就是说它是可能经验的对象，显然，我们需要考虑具有更大广度的其他术语的可能性。康德所提出的是实在（reality），他将之与现象相区别。在更为晚近的时期，在尼采的概要勾勒后，海德格尔表明，存在——在不定式意义上问存在（to be）是什么意思[①]——是根本问题，他的论证与

[①]　存在在德文中为 sein，作为名词 das Sein 等于英文中的 being，而 sein 的动词本义为不定式 to be，但英文中 sein 的 to be 义没法同时写成名词 the to be，能保留其不定式形式的“存在”的英语中只能曲折地以“what it means to be”这样的名词词组给出。

分析是相当有力的。有可能把它们结合起来——（作）为实（在）（to be real）是什么意思？——这样的结合可能是最富有成果的发问方式。存在与实在二者在此被视为形而上学的问题，因为，关于它们的发问将我们置于一个横跨询问与询问者的奇怪地位。关于存在或存在之实的追问将发问者转变为被问的发问的存在（the asking being asked）。在古代哲人中，这早在巴门尼德、赫拉克利特以及阿那克萨哥拉那已有征兆，不过，对此有最为充分认识的是柏拉图；康德和十九世纪他的追随者们同样意识到将被提问者本身直接带入形上惊奇问题意识的重要性；

38　但正是海德格尔通过将"存在"（being）一词的不定式（to be）含义从其在分词或动名词的实例化束缚中解放出来，揭示了这一内涵丰富者最深刻的意义。我们学会了，思考存在意味着什么，用不着首先确立我们是什么样的实体，或者构成世界的实体是什么。

　　海德格尔的反思表明，即便对宇宙论的或思辨的问题意识的表达也预设动词 to be 的各种形式的首要性。为了成为有意义的，"不论是什么，是个事物"必定预设我们至少已经对"是"这个词有一个大致的理解；进而，由于完全可以问作为父亲、公民、捕狗队员或思想者意味着什么，也许我们可以简单直接地问存在意味着什么。以这种方式，所有传统的术语都被置于同一形式的发问之下：在世之在是什么意思？思想家是什么意思（或者思意味着什么）？事物或者有物存在是什么意思？对与问题意识相关的传统术语的包容本身没什么不得了，因为，上述三种提问方式之一都可以将另两种的全部词汇包含在内：重要的是在这种方式下，这样的发问给出了对存在的各种样式的具体而普遍的探讨。我可以直接问占有空间或具有感知是什么意思，而不必首先实例化一个肉身实体，即身体；我用不着先设定心灵就可以问思考、推理、惊奇意味着什么。拥有乃至作为身体就是有感觉或感情的意思，但这只是表明，例示伴随而非先于这样的反思。

如果海德格尔成功地依这些存在－本体解说将存在作为基本的问题，为什么尔后坚持"实在"一词？问存在是什么意思跟问存在之实是什么意思不是一回事；后者将我们的注意力聚焦在三个重要附加物上：作为实在相对于作为现象的重要性；实在作为真之基础的重要性；实在的不可替代性。如果我们要领会为何只有这一结合的问题意识要求转变，必须对这三点加以进一步的省思；由于它的确要求转变，这揭示其自身为追问什么是终极的唯一根本方式。

关注实在而不是现象看起来可能植根于康德关于不可知论的发现，他关于现象（phenomena）与本体（noumena）的区分似乎是随之而来的。但是，康德可以说只是简单地退回到了一个不足信的语汇，为了对二者加以说明，他使用了复数的"世界"（worlds）这个词。这是很不幸的，因为稍稍细想就能发现，康德的"世界"这个词的意思是"场域"（realm），或"所思的状况"，由此多少让读者的期望落空。我认为，更有帮助的是指出，推动我们考虑将我们自己与仅仅表象区分开来的是还原论，它内在于后一名称中，由此令非表象与真理－基础（truth-grounding）具有不可替代性。与表象（appearance）相对的"实在"（real）一词所指示的恰恰是非还原的概念：不管在我之外的事物如何得到解释，我都不能照此而被解释，也无法仅基于 39

此思考自身。假如我们通过"表象"来替换存在的概念，它由解释外在实体的不论什么东西来解释，那么，将我自己解释为"表象"就是解释了关于我的所有事，除了我自己。

如果作为实在的意味着不能根据其他类实体的概念得到充分的解释，那我们不是被困在唯我论的孤岛中了吗？不正是为了避免这样的孤立，我们依赖非私我的靠山如世界、融贯性原则、上帝、外部实体甚至事物？这正是症结所在：如果我是实在的，以及在此我部分地说是无法由那些指涉我之外的事物的术语加以解释，那么，我不就是一个单子，一个异在的、非理性的以及与所有的融贯格格不入的障碍？这一令人烦恼的领会带给我们的只有痛苦的分裂：要么我是可以完全由非私人的因素说明的，在这种情况下，我丧失了自己作为本质地实在的独特性；要么我是独特地实在的，在这种情况下，我被一个不可逾越的鸿沟与世界和他人分开。这两种设想都不令人满意；它们各申其理。如果我是实在的，我就是彻底孤立的；如果我不是孤立的，我就归属于我之外的什么，并且最终还原为它。这是一个残酷的裂解。

这也许是残酷的，但这是真理，不是断裂，这是它的本质。正是由于这一领会，作为实在的就是作为能够被转化的。在也许可以被称为存在性的唯我论中有一些珍贵的东西：我的生命，我的存在，不是复本。在我诞生前的整个历史中，从来没有过我称为自己的这一存在；在我逝去之后，再也不会有我。除了我自己，不论现在还是从前，没有谁是我；我短暂的、独一无二的、有限的、担惊受怕和充满惊奇的生命开始，结束。如期而至的磨难如坟茔中的恶臭渗透我疲惫的大脑；无比珍贵、唯吾自知的私有愉悦独属我一人。因为这一独特性，我至关紧要——我的确是绝对要紧的。谁能剥夺那就像是我们维生的基本食粮的我们私人的核心？或者，也许这些私人的、无法分享的核心不是在供养而是在离弃，它们不像食粮那样是存在的养分，而是虚无的毒药，它切断公共生活的供氧带来死亡。也许它们二者都是；它们毒害同时供养。但不论它们是什么，只要真理依然重要，它们就不能被否弃。

然而，这一遗世独立奇妙地为栖居于世所必要。这些内向之秘完全是我的；而它们在艺术中产生回响，在天才的揭示中震撼我们，在对他人生命的分享中影响我们：我们分享只是因为我们是不可分享的——这不是矛盾，而是富有启示的佯谬：只是由于孤独我可以获得救助，并将他人之遗弃吸收为我自己的。极端孤独——以及被迫意识到这一点——令分享可能。这种意识是一种转化。恐惧是一种外部威胁；而直面它是最孤独、最私密的对抗，因为只有我们自己才能做到——只有我们可以鼓起自己的勇气；没人能替我们勇敢。然而，当根本之思令真理可能，我们自己私我的存在被转化为分享，那是更珍贵的，因为它是真的。实在是真的基础或根源；我们的实在不能被分享，但关于我们实在的真理可以。我们不可分享的实在（存在之实作为不可分享者）被转变为可分享的，即可以学习的，真理。

如果这一提法哪怕只是部分正确，这一转变的性质与意义就成了最高的形而上学问题。在这一存在和形而上学意义上，转变不能依心理感受来解释——虽说惊奇，如前此章节所指出的那样，似乎在某种程度上是可以这样看的——相反，转变就

40

是以这样的方式直面被直面的，或思考思考者，即将所直面者的实在解读为这样，能够如同其所被直面的那样被直面。简言之，我们将实在转化为真理。这里必须提出一个特别的警告：这既不是"他心"问题，也不是在孤独的心灵与外部世界间架起跨越鸿沟的桥梁的事。它也不是永远改变思考者世界观的一次性事件，就像宗教皈依那样。转变完全不像思辨性理论的假问题，因为没有一个关于一种实体（心灵）压倒或对抗另一个实体（世界）的本源性假定。最好是动词性地思考转变，即转变着（transforming）或去转变（to transform）。如果去转变就是去使我们的存在之实成为真理，而不只是作为某种特别的知识的结果这样地被给予，或甚至一个完成了的行动，那么，惊奇是其本质。不只是说惊奇是这样的给予或这样的行动的本质，现在我们还必须意识到知识论关怀的转轨。在一个肯定冒犯——如果不说激怒——传统知识论专家的变动中，知识的定义、标准和过程必须被代之以更根源的：不是知道而是学习。这表明学习不是获取知识，恰恰相反，知识依学习而被理解。我知道只是因为我已经学了。知识是成品：它是沙上的足迹，由更根源的海滩上的行走所造就，从而派生于行走。当这一学习将我们不可分享的实在转变为虽不可还原但可分享的真理的显示，我们就达到了形而上学的惊奇，只是这一惊奇现在成了一种导致转变的学习。我们学习真理。任何被知道的东西当然都是真的；但此一领会所涉及的是成品，一个反正有所指涉的命题，或是告诉我们那些已经学习到的东西。学习不是关于真命题的，因为只有当这些命题作为真的被学习之后，它们才能被称为真命题。撇开学习，知识就像没有观看实际比赛、没有为比赛过程而激动就被告知冠军争夺赛的最终比分。但是，只是知道最终结果的人不能说懂得比赛的真理。只有当我们懂得真理是被强烈地转变了的实在，我们才能学习哲学真理或存在真理，就像勇敢和艺术可以被视作我们自身的实在通过直面自我的强力而转变成真理。

说哲学真理是被强烈地转变了的实在可能被认为是一种偏颇。但是，这是一个古老且延续至今的问题。真理和实在之间的关系是什么，尤其是如果我们自己是实在的？如果我是不可还原的，我怎么能分享我自身的实在？而如果我是可还原的，那我本身的价值何在？假如这些真的是古已有之的问题，当然是，它们表明，真理与实在难以说清的关系，必须以一种类似于这里所指出的转变的强力的方式，才是可思议的。

四　强力

以无处不在的扩展令术语贬值，尤其是那些标示暴力
（violence）①的术语，永远是危险的。将孩子们在操场上的短
暂打斗描述成战事，降低了真正国际性大屠杀的恶名；把讨人
嫌的拍屁股径指为强奸，轻视了真正性犯罪的恐怖；将丢失无
足轻重的琐物说成悲剧，大大弱化了用于莎士比亚戏剧《李尔
王》的这个词。吃着奶酪、喝着葡萄酒，对阿那克西曼德文本
中的晦涩之处再三琢磨，有什么比教授在研讨室中的文明讨论
更非暴力？这样的探讨可以辩称是对学术研究的贡献，但要是
说在这类可敬的争论中存在强力（violence），对这个词似乎是
一种贬低。名词来源于动词，那么，是什么被冒犯（violated）
了？并非所有关于哲学理论或问题的学术讨论都是暴烈的

---

① 这里的"暴力"与标题"强力"是同一个词，即 violence。在涉
及教化式转变的语境中谈论 violence，在理论及用语上都有一定新奇性，
因而作者在下文亦有所交代。中译文为减少生硬，翻译时有所"加减"处理，
分别使用"暴力""强力"以及"冒犯的""冲击性的"，等等。

（violent）；其中大多数可能都不是。然而，特定哲学行为中可能存在真正的强力，但举证责任在原告一方，而区分是重要的。如果所有人所写的以任何形式触及实在的主体的所有评论、批评和分析都被视为是强力性的，那么，琐屑性将贬损这一主张。本章建议考虑的，不是少数可以在原创性思想家的著作中找到的一些狂野理论，而只是对作为实在的意味着什么的深刻反思是强力性思考，强力存在于如此思想的本质中，正是这样的强力改变我们之所是。

如果强力是冒犯性的，那么，在关于存在之实的思考中被冒犯了的是什么？说，被冒犯的是蒙昧的思考者此前的形而上学思想，将会是过于轻飘与不够真诚的，仿佛是将之类比为推翻前朝的革命。认为被冒犯的是无知甚或是不假思索的迂腐陈词滥调，也并未说出太多的东西。如果指出被冒犯的是我们自己，正如我们也是冒犯者，这倒是庶几近之；但即便是这一包含可贵见地的说法就未经展开而言也还是粗糙的，如不加提炼，也没有多少意义。指出关于我们自身存在之实的思考——这是一切形而上学研讨的起源——是冲击性的既非任意亦非轻言，这要求强力本身的本质的问题必须被提出。

溃堤释放出的具有毁城能量的洪流是如此突如其来，城里的居民对此束手无策：眼看着它冲着他们奔涌而来，他们知道自己要死了。强大敌人的入侵对猝不及防的人们来说是不可阻挡的；面对我们由卡车和步枪组成的弱小军队，巨大的坦克方阵不可一世；人们根本无法抵挡不可抗拒的攻击；我们被击败。火山爆发，即便无人身陷险境，仍然给处于安全距离的旁观者以可怕的无力感：这是如此巨大的力量，如此不可控制的能量，你只能臣服于其不可抗拒性。在这样的情况下，强力似乎完全无视我们的愿望与控制；它摧毁一切的前此计划、安排和设计；其力量不可抗拒，关于它的经验冷酷地将我们的脆弱与无力展露无遗。可是……

我们看到和听到巨大的冲击，就像火箭冲向看似脆弱的天空，驱使自身突破地心引力的孱弱束缚乃至地平面。但它是我们设计的；我们建造它，希望将它发射升空，看起来对内在于这项工程中的对单纯自然的征服感到兴奋。火箭由自然材料造就、使用自然能量，丝毫不消除我们支配自然、支配地球甚至支配世界的感觉。其力量之巨大足以让这一事件显得是强力的；然而，它是受控和被主导的，这让它在某种意义上说并不是真正强力性的；那么在现代火箭的飞行中，什么是被施以强力的？被施以强力的也许是在不受人干预的意义上的自然。我们指出过入侵军队似乎是强力的；但对于敌军指挥来说，受控、有意志、按计划并达到目的的力量才更重要。是否只是对于被征服者来说，侵略是强力的，而对于征服者来说，只有受控的力量才是强力的？

当我们说到强力者，我们似乎是在说他意志强大，也许不安分，老是准备用蛮力达成自己的目标。我们同时也许还指缺乏自我控制力，就像一个很容易动怒的人，常常用这样准确与富于技巧的词汇刻画为：火爆脾气。然而，我们意思里没有的恰恰就是这个人有超常膂力，因为我们不会给一个文雅的巨人贴上强力的标签；事实上，强力者偶尔本身相对矮小，甚至肉体上偏弱，但这些短处被狂怒或对他人的冷血无情补强。假如文雅的巨人拥有力量或能量却不是强力的，这跟这个形容词不一致。关键似乎要么是强到排斥他人的自我意志，要么是对自己的激情缺乏控制。

45　　然而，强力似乎有个不那么常见但仍然积极的意思，尤其是在艺术的创造性行为中，特别是当我们说到独创性时。因而，我们在巴赫、莫扎特以及瓦格纳身上看到经常被称许为彻底改变音乐史的艺术天才，从而在两个意义上是强力的：创造了新的且持久的东西，终结了艺术中旧形式的霸权。《圣经》中有一条训，天国忍受强力，并且唯有强力者能承受强力，意思是善至少不仅仅是消极的，诸如牺牲和殉道这样的行为包含着内在的力量，它掌控而不是屈服。然而，即便是在这样一些少有的情形中，强力不单单意味着拥有力量或能量，而是要求一个主动凌驾普通与日常事物的强烈意志。在文学中，特别是诗歌中，爱经常被描绘为强力性的，不是在简单地向爱欲低头的意义上，而是在痛苦的折磨与狂喜的意义上，它似乎重塑了整个宇宙。然而，强力的积极意义也许初看起来似乎只是隐喻性或类比性的，因为如果强力侵犯了，就很难将其视为有利的，因为必须将被侵犯的视为宝贵或珍稀的，这样将其克服或征服才有意义。

积极的——也就是说值得的——强力不应被如此漫不经心地打发。被侵犯的必须是宝贵甚至珍稀的，因而在所有的强力中都有一种失去的感觉，但这并不等于说没有什么可以被置于被冒犯者的价值之上：生命本身也许是既宝贵又珍稀的，但殉道牺牲的强力仍然可以被确认为是积极的，这不仅是出于对那些牺牲对象或牺牲者的尊敬，也是为了那些为了成就这些所必须的品质，如勇敢与忠诚。勇敢经常被看成是强力性的，因为，为了某些更伟大的东西，此际巨大的精神能量冲击某些宝贵且珍稀的事物，如安全甚至是生命本身。有价值的或积极的强力因而是可能的，但却总是有代价的。某些宝贵的东西必须被侵犯，因为，没有被侵犯就没有强力。但是，即便是在积极性强力的情形中，此处仍然暗示着不可抗拒与征服的意思，在较小的程度上，则是失控与失序的意思。

　　"强力"一词在用于描述不论何等灾难性的自然事件时只是个隐喻，而将其本义限定在出于意愿的行为。这将强调以下观念，即强力是通过力量的使用有意对他人造成损伤、危害或者毁灭。应被看作强力的范式的是强奸、战争、无故殴打某人、在恐怖攻击中轰炸建筑以及虐待儿童，而不是爆发的火山。因而，一架力大无比的起重机是强大的但不是强力性的；反之，一个容易被判罚的橄榄球后卫或板球中的罚球手则可能是强力的，因为二者都试图打击或伤害对方球员，认为看到摔倒的对方队员被用担架抬出场外是值得称赞的。你虽然不能规定词的用法，但词根与经典用法事实上强化了约束。归根到底，在牛津英语词典的首要原始义项中的是那些指向内在于违背誓言或法律的强力，因此，违背承诺比河流在洪水时"冒犯"河岸更基本。强奸似乎是强力的范型，不只是因为它违反法律，而是因为强奸者野蛮的意愿侵犯了受害者最内在与珍贵的东西，从而贬损而不只是伤害了被强暴者。暴行的严重性同样是可怕的，因而受害者不只是被虐待，同时被性侵是如此的羞辱，以至于不愿诉诸法律，因为，罪行的公之于众对实施犯罪的人和受害者双方都是贬损。一个国家被别国军队逼降这种性质的战争通常被比喻为"强奸"，正如我们所说的希特勒对奥地利或俄国对波罗的海国家的"强奸"：他们不但被征服，并且被凌辱，部分是因为，

46

是恐惧而不是实际战斗夺取了他们的统治权。

在这些简略反思基础上，我们现在必须问，在什么意义上关于存在之实的形上反思是强力性的？对强力来说有四个似乎是必要的要素，它们是：与自己的无力相连接的明显的不可抗拒感，掌握与控制的阙失，入侵力量的强大，以及宝贵与珍稀的东西被夺走的感觉。也许还有第五个要素：强力是被强制者视野下的，而非强制者视野下的。除非头四种要素以某种方式存在，否则本章开头的警示必须予以加强：将内在于关于我们自身存在之实的思考指为强力性的只会令其衰弱无力。的确，假如警示成立，唯有强力能将存在之实（在）转变为为实（在）的真理。

关于真理本身特定品质的反思将提供某些预备性的工具，它们就像是登山者在攀登前预先打在悬崖上的岩钉。那些即便是在日常事务方面寻求真理的人意识到，为了让真理超越信念与意见而搁置偏好与偏见，有时是很残酷的。这也许仍然不是强力性的，但可以肯定的是，在日常探索中，真理的一个意义就是其不可抗拒性。调查者强烈地相信某一败德者有罪，却不情愿地发现汇集的证据指向另一个可能是朋友的人。科学家设定一个实验想证明他的假说是正确的，却发现必须接受的是一个新的、不受欢迎的假说。这部分地就是真理这个词的意思：它独立于我们的偏好，揭露它的方法似乎具有无情的不可避免性。对我们偏好甚至是计划的独立性还不完全有资格被视为强力性的，但是，就像岩石上的岩钉，它提供了一个抓手。然而，日常探索，虽然它寻求关于常见话题的真理，本身不是强力性的；只有发现是未曾预期的或非意欲的反应时，它才呈现伪强力的特征，但这些只是心理感受而非形上转变。然而，真理对于这种感受的独立性有时被危险地标示为"客观性"，的确提供了类似于不可抗拒性的感觉，从而可以是有启发的。

如果在由实在到真理的转变中存在强力，实在在此被视为我们自身之实，强力本身以及受强力支配的二者都必须按照内在不安来理解。说大多数（如果不是所有的）内心不安都是强力性的，似乎并没有什么深远意义。或许可以在更广泛的门类中找到类比。例如，我们说（强力的）内在不安来自忠于友谊与我们作为公民的义务的冲突，或是执法的誓言与我们更具一般性的正义感的冲突，就像维尔船长（Captain Vere）承受审判可爱无辜的比利·巴德（Billy Budd）[①]的折磨。这些都不只是心理感受的问题，而是作为思考者所承受的实实在在的冲突。这些情形所固有的是，我们痛苦地意识到没法逃避这些负担：不采取行动本身就是一种有其后果的行动。问题由于对其普遍性的意识而更加严重：维尔必须面对在法律的要求和正义的要求的先验冲突中他自身的魔鬼。恰恰是因为二者对于我们来说都有其合法性权利，这成了我们难以承受的折磨。在这种伦理的内在磨难中，我们看到强力的四个要素：维尔没法逃避负担，它不可抵抗；他也不能完全掌控，虽然他仍然是有责任的；他发号施令的力量和将他与其严重困境捆绑到一块的命运的力量，二者都是巨大的——它们令所有小小的或精明的花招的可能性不值一提；不论他以哪种方式做出判决，都会有某种非常珍贵

47

---

① 二者是美国小说家赫尔曼·梅尔维尔（1819—1891）的小说《水手比利·巴德》中的人物。

的东西被侵犯，要么是比利的生命，要么是其勇武誓言的神圣性。于是我们似乎有坚实的根据指出，内在不安不但可能并且的确发生，它们同样可能是强力性的。那么，问题现在可以被更好地重新表达：对关于我们自身实在本身的真理的探索是否是一种内在不安？初看起来这样的探索似乎不会如此，因为很难看出这里有什么是被施以强力了。但是，前面章节中曾经有一个残酷的困窘被揭露：根据非我的东西解释我会让"我"彻底消失；对我自己的独特的解释又会将我彻底与世界的其他东西孤立起来。当我们意识到属于这个世界是可贵的，而作为独特的是珍贵的，这一困境显示出其自身的强力性。我似乎想用公共语汇解释我自己，因为，除了诉诸公开的东西之外，还有什么是解释？然而我仿佛明白，这种基于必然性的公共性解释，必须避开那种我独特的解释。进而，有这样一种感觉，即便私我的可以被造就为公共可理解的，但这样做在某种程度上会是将我剥光，将唯有作为被遮盖的才有意义的东西掀开。也许我是独特的直到我展示我自身。而其反转亦令人着迷：可能只有当我被揭示时我才是独特的。

在本书开篇的第一个短剧中，害怕的年轻人承受的不但是两个相互冲突的担忧导致的内在不安，他的苦恼还因为另一参与对话者的在场而加剧：他感受到的不只是折磨本身，还有它被向另一个人披露的羞耻感。然而，吊诡的是，他者的在场恰恰可以激发他的勇气。如果没有他者，那个年轻人也许没法发现他能够直面自己这个真理；然而由于他者，他难免从敞开中缩回，这种敞开是有代价的。这里存在一个悖论：开口分享他的折磨可以让他有勇气，然而，正是他的勇敢不让他分享；将自己的折磨说出口令他感到羞耻，可是羞耻在某种程度上将勇气像颗牙似地拔出来了。因此，我们可以说，在某种情况下，勇敢是一种自我觉知，在此，对内在于其中的苦恼的语言表达不只是补充，而是其本质的必要组成部分。语言本身是强力的一部分，它引发自我觉知，而这种自我觉知对学习何为存在之实的意义是本质性的。从这个意义上说，对话不仅仅是关于勇敢的，它也是勇敢的一部分——也就是说，对话在使勇敢显现或者说可获得的同时，也使勇敢成为可能。语言这种强力使勇敢显现，也使其成为可能，这就是真理。

必须加以深入思考的是关于被强力冲击者的问题。当那个年轻人纠结于他的勇气，肯定有什么被冲击，不然就不会有折磨，也不会有内在的不安。如果说前面的段落多少接近了问题，那么真理本身似乎就是强力性的，它撕开了我们自身存在之实的秘密。这一撕开不只是向那些我们之外的其他人揭示，它首先和最重要的是向我们自己勉为其难的探索揭示其自身。于是，说到底，被冲击的是我们自己的勉强；这一勉强不是基于某些进一步的后果或随后的损失，而是就建立在我们自身实在中。人们一定以为，存在之实必定不愿被揭开，因此，对真理的哲学探索就不像好奇心那样是一种自然的行为。我们自身实在的自主性或独特性也许正好是那抗拒被揭开的，因为一旦它被敞开在光天化日之下，其作为秘密的力量和独特性就消失了。然而，有一种怀疑是，内在于私密性中的力量本身是一种自欺甚至自我遮蔽：将其掩盖，令其颓丧（feckless）。不论我们转向哪种探究被强力冲击者的方式，我们面前的道路看起来都是陷阱。

那么是否可能，强力恰恰在于这一悖论的不可避免性？强力既不在我们私我的存在，也不在我们公开的敞开，而在于我们被迫将二者交织在一起。于是，被强力冲击的将不是内在的、不可分享的自我之珍贵性，而是那把存在之实与被揭示者分隔的东西；正是这分隔物，或许更准确地说，是将真理与我们的实在隔开的屏障受到冲击。没有这个屏障，我们就失去防护，赤身裸体。照这种说法，被扒光中的强力引出了人对人的强暴这样的强力范式。将我们自身之实与其被揭穿放到一起，就像把施暴者带到受害者面前：这不仅会带来实际强暴行为本身的后续伤害，更有损法律和体统。

这没有说得太过吗？毕竟，形上真理是强力的这一说法，只有当这种强力是积极或有价值的才是有意义的，罪大恶极的强暴可绝非如此。然而，强暴隐喻是如此具有揭示性，以至于不能完全避开它；形上思考在强行侵入私我中神圣的部分的意义上是强力的，即便它与强暴不同，可以被认为是正面和有价值的。进而，说我们既是被强力冲击的又是施加强力的似乎是反直觉的，但这同样有其对应者，正如我们读到中世纪的自我鞭笞者或那些用难以忍受的罪过折磨自己的人。对自身实在的思考就是我们自己对自己施加强力。必须强调的是，这一强力不是由发现我们不想了解的真理引起的，就像当一个爱国者发现其祖国历史中残酷的东西时皱眉蹙额，而应归诸形而上学行为本身的本质。说我们被强力冲击就是说我们受苦，但这内在于我们思考自身存在之实的苦楚，不是源于我们了解到某些与我们之前所相信乃至推崇的相反的东西，而是说思考本身就是某种受苦，就像人们可以说，在恋爱中心会痛（受苦），而爱之苦本身是甜蜜的。

把令人愉快的爱的渴求与形而上学真理之为冲击这一现象相提并论，并非没有伟大的先例，特别是柏拉图所描述的爱欲中的苏格拉底。反思这一先例的思考可能对我们很有帮助，不是为目前的分析寻求支持，而是向更伟大的心灵学习。此外，将历史先例扩展至把康德与海德格尔概要地包括进来将会是有益的，他们同样诉诸内在于思想中的冲击；但就目前而言，将柏拉图笔下的苏格拉底楔入这些反思几乎是一种必需，因为还有谁力陈爱欲的苦恼之为哲学行为的本质部分？

当你思考爱欲在苏格拉底对话中所扮演的角色，立即会想到《斐德若篇》和《会饮篇》；为什么不？这两篇对话以爱欲作为它们的主题，它们已经让自己如此进入西方经典，其浮现在我们心中，就像戴着面具的孩子们在万圣节敲我们的门，要求我们的重视和款待。无视它们是愚蠢的，但将它们当作是唯一的资源看待同样也是愚蠢的，尤其是如果把它们所提供的仅仅当作是关于爱的理论。因此，首先反思爱欲似乎扮演的较为一般的角色是有好处的，即便对话的主题并非是专门针对爱欲的。这显然是个挺危险的问题，因为其主题本身就不是没有争议的。有两个危险应该避免：读者或是学者必须不要试图净化对话，以使它们能被现代的情感所接受；也不应该将这些作品看作是肯认对单纯肉欲的庸俗称许，对耽欲的当代背书。爱欲现在、过去以及始终是深度困扰的现象，正是因为它并不等同于单纯的色欲——或用流行的话来说，"性"——但它也不是像诸如骑士式的保护与奉献或基督教的仁爱那样的高尚概念。苏格拉底本人也不应该被奉为典范，即把他的品格看作德性的样板甚至如圣人之所是的道学模范。作为典范，苏格拉底所致力

50

73

的不是对德性的理解而是去获得德性，这一点是明白无误的；但他不是代表已然获得的德性（包括智慧）的典范。他很明显被年轻人甚至孩子所吸引；但他实际上是否与他们有亲密关系则不是那么清楚，虽然有些对话似乎暗示确有此事，但另一些对话则暗示可能不是这样。人们容易仅仅从历史人类学的角度来说明这个问题，指出那个时代雅典文化在男人以男孩为情人方面是相当自由的，由于这种关系很少或几乎不跟羞耻或罪责牵扯到一起，苏格拉底与他的男性对话者是否在性的意义上有瓜葛，事实上不是个很大的问题。对此雅典不像极为保守和军事化的斯巴达那么明目张胆地公开，在斯巴达，非常年青的少年被交给老于此道的老兵，目的是在战士们中间制造亲密关系，由此将他们造就成一支真正的军队。这些人类学观察也许对读者有帮助，但也可能让它们偏离苏格拉底爱欲的主题。因为问题并不是特定行为在道德上和社会上的可接受性；问题是我们如何理解爱欲在苏格拉底哲学思考中的地位。

对话《查米德斯篇》（*Charmides*）关注的是希腊人称之为节制（sophrosyne）的德性：自我克制，明白自己的位置和角色，以及正派得体。讽刺的是，在一场关于自我克制的对话中，苏格拉底走进一间古典式的体育馆，问关于少年肉体与灵魂之美的问题，然后窥视其中一人倏忽张开的衣衫，并且因少年的肉体之美产生兴奋反应。苏格拉底试图控制自己以便继续其探讨，但当对话进到尾声，随后发生的一段高度含糊的妙语对答暗示，苏格拉底不再"抵挡"少年查米德斯之美。这个戏剧性的桥段精彩呈现了自我克制及行为得体在德性方面的危机：苏格拉底的确产生兴奋了，但他对此的控制提供了关于当下所考虑的这个德性的极好示例。最终反转的可能性同时表明，控制并不意味着是绝对的；而适合某事的时间与场合的存在表明，节制的部分意义是对激情的控制，而非拒绝。这给整个讨论增加了鲜活与生动的戏剧性尾声，让我们得以欣赏对话的内容与其形式的共鸣。关于这样的解读有太多可以说的。然而，爱欲在哲学话语中的确扮演角色这一事实是更重要的。假如苏格拉底对魅力美少年青葱、催欲之美无动于衷，那这里的探讨就不会发生。是仅仅关于美的强力的反讽或者对其更深刻的感知让苏格拉底的探讨成为可能？这些问题必须被暂时搁置，以免将它们当成只与这一对话有关。

　　一个远为严重的麻烦是对话《吕西斯篇》（*Lysis*），一般认为它是关于友谊而不是情欲的。然而，这个对话本身似乎是丑闻性的，如果不说是可耻的话，因为在这里苏格拉底同意帮助名为希波塔勒思（Hippothales）的年轻人引诱美少年吕西斯（Lysis），这个同意本身就足够坏，因为苏格拉底实实在在地教唆他如何征服一个如此年轻的少年，即便是自由的雅典人也会认为这是可耻的。然而，更为恶劣的是，苏格拉底建议哲学是引诱这个少年的最佳方式，从而把对真理的爱转换成拉皮条。这不是关于这个文本的某种魔幻与狂放的误解：苏格拉底清楚地指出，他的目的是表明，希波塔勒思现在用糟糕的诗句和歌曲追求美少年的法子是注定行不通的——也就是说，那个少年是不会被这样的伎俩征服的——而苏格拉底本人对少年关于友谊的推理的温柔责备则是赢得少年欢心的策略：这是希波塔勒思能追到吕西斯的办法。对儿童与哲学的双重迫害所激起的怒火立马让学者和评论家们在否认中寻求庇护：对哲学的这一糟

51

蹋是苏格拉底式反讽的例子，苏格拉底只是假装在帮希波塔勒思；这实际上是通过将吕西斯的注意力由爱欲转向理智之爱，从引诱转向辩证法来帮助他抵挡那个年纪更大的年轻人。反讽，或者说推定反讽，是每个因自己读到的东西感到不舒服的人最后的避难所。此外，吕西斯和美涅克塞努（Menexenus）两个少年之间自然而光辉灿烂的友谊一开始向我们呈现为青春最美好的情感之一，现在成了转瞬即逝或肤浅的：苏格拉底自己作为能言善辩的情感离间者插入二者之间，将自己而不是美涅克塞努替换成吕西斯的真朋友。除了将哲学滥用为拉皮条，他败坏健康的、令人羡慕的友谊，让吕西斯从快乐男孩转变成疑心重重、毫无安全感的人，被卑劣的家伙牵着鼻子走。我们怎么才能让这么个看上去是丑闻性的对话成为合情合理的？

在这里，某种程度的强悍可以弥补只令其贫乏无力地诉诸反讽。真理事大；苏格拉底的确关心吕西斯，并认为给出作为真正友谊与真正探索相统一的分享的辩证法是更伟大的友谊。他也关心希波塔勒思，甚至是美涅克塞努；但是对苏格拉底来说，共同探索真理就是最伟大的友谊，而似乎只有吕西斯把握住了这一点。但爱欲是怎么回事？在此，对作为真理的资源的强悍的需要甚至更大：苏格拉底并不谴责希波塔勒思对爱欲的渴求，他谴责的只是他的手段。爱欲是这一奇特和麻烦的对话的必要部分，因为正是爱欲让苏格拉底和希波塔勒思成为共谋，即便对话以苏格拉底提出让美涅克塞努吃惊的友谊更深邃的意义结束，爱欲仍然明显在场。对话的"结束"，作为一个成问题的说法，并不提供作为句号的答案，而是可以被称作更深层次上启人神思的惊奇；也就是说，正因为我们在真正地学习，我们变得更为惊奇。

在《理想国》第四卷和《伊翁篇》(*Ion*)以及《优西德谟斯篇》(*Euthydemus*)中也可以看到爱欲在背景中的在场；在其他对话中也许也一样。的确，不论什么时候首要的理型被提及，美通常都在其中，而人们对美的追求又几乎总是表现为爱欲的。这提出了一个问题：苏格拉底对真理的追求是不是必然是爱欲性的。如果美是主导的理型，也许这一意象指出，在我们始终想望与渴求不在我们完全掌握中的东西意义上，哲学是对真理的情爱；的确，如果任其选择，真正热爱作为美的真理的人也许宁愿保持一定的距离以强化其渴望，即便渴望本身是如此巨大，以至于对被爱对象的征服与占有导致特定的疯狂。因此，爱欲的强力内在于追求的本质中。要看到关于这一点的合理辩护，我们需要转向关于爱的两个对话。

《斐德若篇》中核心的暗示是由双轮马车的三种形象所揭示的灵魂的三个部分：代表色欲的黑马，代表高尚的白马，以及奋力驾车的车夫。假如第一匹马完全不受挽具约束，它将完全是原始的欲望，竭尽全力，满足欲望只为再建更新的欲望，完全是欲望之兽；而一旦被置于轭下，它就变成必要的激情，因为没有它的力量，以及它的视力——因为正是它所爱的被视为美丽的——马车没法趋近其目标，即美少年或其隐喻的真理本身。目前的探讨可以省去对每一要素进行准确分析的必要性；只要认识到对美少年的情爱和对真理的爱欲都是深刻地强力的就够了。不只是难以驾驭的那匹马，包括车夫和白马同样必须竭尽全力甚至是舍命之力保持三股力的统一。强力内在于这整个隐喻中；要点不是将强力作为内在于我们的本质中单纯的缺

52

憾加以指责，而是称道它。因为如果没有它，男孩和真理都将逃逸无踪。

《会饮篇》中这一点被重申。阿格松（Agathon）被苏格拉底问到色欲是对那些美丽的东西的拥有还是缺失，年轻的悲剧作家被这个问题难倒了，因为在被问时他立即意识到，任何回答似乎都会完全斩断爱欲的可能性。如果我拥有了所爱，我不再渴求；如果我渴望它，我就不可能拥有它。于是，这一困窘本身就从一种看似厌恶理性的威胁华丽地转向对其本质值得称道的领悟。爱同时是拥有与缺失。当朱丽叶在她房间的阳台上向罗密欧表白，她沉思默想："可是，我所渴望的是我已经有的东西：/我的疆域如大海无疆，/我的爱如海样深，我给你的越多她越深厚/因为二者都是无限的。"（第二幕第二场）她没有即便当她拥有，这一内在不安是强力性的。

似乎没有人会否认爱欲的强力；但这跟形而上学思想有何关系？对苏格拉底来说，回答是所有关系。我们既不缺乏又不拥有智慧；我们总是在两者之间。让我们震惊的是，苏格拉底将这个悖论作为思想自身的本质而欣然接受：未经省思的生命实在不值得活；赋予生命意义或价值的是我们对它的省思。其对话的悖论是本质性的：我们其实不想达到一个命题性的定义，因为那将终结探索。但是很少有读者会否认，关于勇敢他们阅读《拉刻篇》时所学甚多，在阅读《游叙弗伦篇》时关于虔敬则所得匪浅；因此，探索不是静态的悬置，仿佛准准处于两个极端中间就是明智。渴望是情欲性的，意思是它是不可企及而又可以亲近的真理之美，而非对它的终极拥有；假如对话式的探究方法有助于我们有力地趋近在真理中被热爱的东西，这一无尽的渴求必须被假定。

哲学的强力并不限于性习俗甚为宽松、为爱癫狂的希腊人；像康德这样一位谨严和分析深刻的思想家也将强力置于中心位置，将其放在他全部批判的开端。史密斯（Norman Kemp Smith）所译《纯粹理性批判》第一版前言的第一个句子就向我们保证，人类理性"有其特殊的命运"，它被迫借助推理本身提出它回答不了的问题。在读者去到始料未及的二律背反的强力之前，这一序曲也许会被看作只是对思辨形而上学的警告。理性的探求必定将之带到思辨的矛盾，这些矛盾必须在其正题与反题中被确认。不只二律背反本身在被置于未曾省思的意义上是强力的，它们必定导致令人厌恶的挫败，但康德向我们保证，这一威胁必然进一步带来最高的辩证强力行动：将我们的实在撕裂为二，以一种将我们残酷扯开的方式令作为现象的我们和作为本体的我们永远不能结合在一起。直面矛盾的正是理性本身中的纯粹强力，它将矛盾视为净化剂而欣然接受，创造了一种全新的思维方式。在此，引人注目的是强力，而不是区别本身。归根到底，1714年，在康德发表其《批判》67年前，莱布尼茨在《单子论》第81节中指出，躯体依照充足理由而行，如同在此不存在灵魂，而灵魂则根据终极理由而行，如同躯体是不存在的那样。这里我们有一个原创性发现：我们对不同论题有不同的思考，由此建立两个不同的领域，彼此至少内在地无视对方。康德的现象和本体领域由莱布尼茨关于充足理由和终极理由两种不同因果解释的区分勾勒出轮廓。然而，对莱布尼茨来说，差异双方在一个完全平和甚至可以说是优雅的隐喻中被结合在一起：和谐。在康德那里，差异被视为战斗的、强力的，甚至浪漫地令人激动的。康德的典型风格、用词和句法，这些非常适合于对人类认识能力伟大批判的艰难掘进的特色，在反思二律背反的段落中变得如此雄辩、直白与大胆——这是一个活跃的角色，一次向未知领域的飞跃，关于理性为它自己创造了一个新角色的觉知：背反的辩证法。你只需要简要反思一下随后的历史就能看到这一辩证法到底是如何强力性的：黑格尔、费希特、叔本华，甚至尼采——以及从尼采到另一个强力的思考者，海德格尔。

在《形而上学导论》中，海德格尔看来几乎将强力奉为哲学的神圣领地。早在那本极为有名但却令人深为困扰的书中，海德格尔将学生家长问的那个传统上令人恼火的问题："你搞哲学能有什么名堂？"反过来转换成更具质问形式的问题："哲学能把你怎么样？"这可能只会被看作是聪明的反唇相讥，但我们很快明白，海德格尔有意根据其令人惊叹的假设提出这一设问：哲学，如果做得恰当的话，将强力地转变我们之所是（who we are）。在他对希腊悲剧《安提戈涅》（*Antigone*）中歌队演说词的著名阐释中，他指出其开头几行相当含混。在拉夫·曼海姆（Ralph Manheim）译本中它们是："那儿有许多奇怪的地方，但没有什么在奇怪性方面超过人。"（p. 147）希腊文中"最奇怪"的那个词 deinotaton 同时也是表示"最强力性"和"最可怕"的词。在这个撩人的开头之后，演说词列举了许多伟大的人的成就，从用犁征服土地到建立城邦和军队，由此把自然和其他的人都征服了。这一强力奇特性的关键似乎是语言本身，它让疾速如风的理解落地，为权威性的确立提供基础。这些强力性的激变同时有好有坏，但人最终无法战胜死亡。在这一片段的最后，歌队将他自己与在英雄和伟人身上的强力分开，说这样的人在他的家里不受欢迎。即使是在索福克勒斯的原作中，这一演讲词也是麻烦和引人注目的：我们即便是对自己来说也是奇怪的，我们同时制造了伟大和可怕的东西，我们意识到命运对成就伟业的那些人似乎格外恶劣，因而，跟作为普通思维典型的歌队一样，尽管我们钦佩他们，我们也寻求与他们保持距离，虽然在我们的情况中，这一分离是由审美移除提供的。然而，正是海德格尔对强力（power）的关注令他的解读具有如此的揭示力。这是理解我们自己，肯认我们之能言说中固有的奇异和强力的最佳方式吗？或者是歌队的声音在一种惊人的反讽中获取了超越国王们的强力理解，也就是对人自身本质的理解？

　　然而，如果正是人本身是强力的，这一段落与内在于哲学思考中的转变有什么关系？海德格尔的分析出现在题为"思想与存在"的一节中，在此他根据思考和言说意味着什么，省思了存在意味着什么。诗与哲学的语言是至上的语言力量，完全是因为它们揭示存在性的真理；只有通过其最具强力性的语言，诗与哲学，我们自身存在的真理才能从歌队式的倾向——这种倾向向我们自己隐瞒我们的意义——中抢夺出来。

　　因而，柏拉图、康德和海德格尔三位提供了哲学探索的强力性本质的先例，尤其是在与我们自身的神秘性有关的方面。以他们自己的方式，他们各自还指出了强力为什么是需要的，以及因而间接地指出什么被强力冲击。对柏拉图来说，对美的情欲将我们的灵魂提升到诸理念或者说普遍性的层次，因而被强力冲击的是我们在对某个美丽的人而不是美本身的爱中获得

55

的特定满足。在康德那里，理性的正常方式——道德的与因果的——必定是彼此冲突以便产生最终综合的巨大能量；对海德格尔而言，被强力所冲击的是非本真性沉沦的日常性。他也许是对我们存在的这个令人困扰的方面做了最详细论述的人，我们的这种存在必定是不愿意被解蔽的。除非我们看到，对敞露真理的抵制是完全自然的，自我揭蔽的强力似乎就是任意的。进而，对海德格尔来说，非本真性是基本和原始的，它给出了我们存在的基本结构，为了通过思想超越它，这一结构必须被冲击；因此，我们永远不能直接摒除非本真性，就好像它只是某种愚笨的特性。非本真性的本质，这是必须预先假定的，就是遮掩：我们天生不愿意学习存在性的真理，而如果没有这种不情愿，就不会有基础本体论。如果这听起来很荒诞，想一下第一个短剧中那个年轻人的情况：如果没有恐惧，因而不愿意暴露自己的胆怯，就不会有冲击恐惧的勇气，因而也就不会显现关于勇敢的真理。

即便有这三位伟大思想家为后盾，仅仅指出这些先例是不够的。这意味着，为了让形上思维转变我们，必须要有强力；转变的本质是从存在之实到作为存在之实的真理。① 转变我们的强力似乎仰赖哲学理性思考本身，在其最广泛的意义上，这一理性伴随着对辩证的语言的强调。无论有多少先例，这种观

---

① 母亲护犊子是母亲之实，但母亲之理有超越护犊者。孔子说子为父隐为人性之直（实），但是否得人性之真？叶公说的"子证之"的"灭亲"行为乃"大义"所在，这就是作者所谓实在与实在的真理（being real and the truth of being real）的区别。

点看上去是神秘和微妙的。什么是存在之实与存在之实的真理的区别，以至于后者只有通过由语言产生的对前者的强力才成为可能？说我们自己的存在之实本身就是某种神秘的事，因为我们通常的言说方式似乎就要求主体与客体的区分；而如果我说到我自己，这似乎令二者崩溃，尤其是如果在对自我的对象化中，我似乎是从我作为客体的概念中去除主体性。"主"与"客"本身是建立在陈述句模式上的，从而在起源上是语言性的。因此，将它们实体化为形而上学实体是高度可疑的；但陈述句的诱惑是如此强大，很难完全避开这一错误。然而，这种语法霸权，连同它对形而上学上不恰当的实体化的信仰，并不是神秘的原因，因而也不是强力的原因。

真理和知识、实在物截然不同。有许多东西是真的但我们不知道，而某物的真理不同于其实存或形而上学实在，因为，摆好盘的桌子与桌子摆盘的真理不是一回事，正如我之负有罪责的实情跟关于我的罪责的真理是不一样的。然而，真理不仅仅是知识与实在物之间的联结，虽说这样一种联结部分地是由真理提供的，如同当我们说对饭桌摆盘的发现或对罪责意味着什么的发现；在这些情形中，发现是真理作为一种现象的特征。被知道的不论什么首先必须是为真，而为实乃为真之本或者说基础；但这些说法只是表明这些概念间的相互依赖；它们并不假定也不意味着一个概念可以归结为另一个概念。然而，即便这个相互依赖也不是没有麻烦的，因为有人可能会问，除非我知道它，否则真理是有意义的是什么意思，或者除了我们知道其为真的东西之外，还有什么是实在？真理的重要性独立于知识，实在可能是真理的基础，但其本身并不能提供真理。这些警示不是无谓的；对直觉上更明显、更容易被确定的知识与实在观念的关注，太容易令真理完全失去自主价值和意义。

更麻烦的是语言在我们对知识、真理和实在的理解中所起的可能作用。真理也许如罗素所说只存在于命题中。即便是这一想法作为站不住脚的淡出之后，作为与罗素极端对立的思想家，海德格尔仍然认为语言——虽然很明确不是作为命题性的——对真理来说是根本源泉。这两位思想家诉诸语言的理由是，如果实在与认识本身对真理来说都是不充分的，联结二者的语言也许是充分的。即便语言的引进是有帮助的，但是，它是不充分的；并非所有语言都是真实的，而且，并非所有真理都需要语言表达。

这一现象必须进行直接的分析。我们可能会说，桌子已经摆盘的事实是真的，当它被呈现给我们，因此，真理不单是桌子摆盘这一实在状况，而是它的被呈现。那么，什么是呈现者？是简单的事实，或者是意义丰富的不同层面？即便呈现被设想得比单纯的发生更广阔，但呈现在什么意义上不同于简单地被看到或被知道？也许桌子摆盘的真理是对所有包含在其中的东西的揭示与发现：我们不是站在地上或用手抓食物吃；桌子摆盘显示我们的文明与优雅，从而通过其呈现我们不仅发现桌子摆好盘了，而且习得桌子摆盘的意思。可是，这里有过任何强力吗？大概没有。

我也许知道我有罪。但是，当罪责呈现其自身，我的行为更为隐晦的含意，我的受害人的愤怒与伤痛，以及最重要的，自我敞露的可怕负担，都在自我发现的各个阶段上被懂得。这种学习就是一种呈现，它可能需要一定时间或者不同层面的自我省思，而这些都不是在我犯下罪行的那一刻能立即完成的。对这种现象，我们通常会使用像"真理降临我"这样的俗语表达。在此我不仅仅是增加几条事实性信息；罪的真理"降到"我头上是强力地加诸我而我不情愿接受的敞露和呈显，它强迫我承受我宁愿始终尘封之事。在这样的意义上，强力在真理的学习中是必要的，这一点似乎得到了合理的辩护。

然而，罪责本身始终是一种负担因而总是被抗拒。但形上学习的强力不一定是不情愿的；在快乐或惊奇中有强力——虽然现在也许更有见地的说法是，强力在对快乐的真理的学习中——正如对罪责的真理的学习中有强力。快乐的真理是强力性的是在它淹没我们的意义上说的；在强力更崇高的时刻，我们被它所俘获；我们说处于入迷和出神状态——被强制性地从前此状态中连根拔起。但是，这是恰当的用语吗？难道不是快乐本身，而不是快乐的"真理"，提供这样的强力吗？快乐作为一种激情的确可能具有强力性，而快乐的真理作为自我揭示的现象也可能强力地令我们转变；仅仅作为激情，快乐感受的时光确乎是飞快消逝的，但快乐的真理却会持续到我们被它所转变的那一刻。当我在这里说快乐的真理时，我不是指意识到我快乐，而是说懂得快乐的意思是什么。快乐的意思是学来的，这一学习有一个转变导师——它就是强力。

在五个短剧中都有一个由于其强力性导致转变的强力的学习。需要关注的东西现在不能再延迟了，我们必须问：什么是真理的本质，从而它能施加强力？

五　真理

两个青春年少的朋友躺在繁星在天的山坡上。"世界多大！看着那些星星让我们知道自己是多么渺小和微不足道。我们的种种琐屑的烦恼被放到这样一个视野中，不是吗？"另一位点头，在一段长而友好的沉默后，他说话了。"但是，我们在这里，思及宇宙之浩瀚，而正是这一点不知为什么让我们变得重要，甚至可能比这巨大的浩瀚本身更重要。"他的同伴在黑暗中笑了。"我们也能思考我们自己，不是吗？这个夜晚给了我们这些，让我们既渺小又重要。这有点奇怪，是不是？"接着，他有点担忧地轻笑着加了句："我觉得咱们最好别在这待太久了。"

对这两个躺在繁星下的山坡上的朋友来说，有些事情发生了。发生的——或者不如说，开始发生的——是转变，它包含三个层次：第一个发现是，真理重要——这一现象不应跟某人对某事感兴趣相混淆，因此，"真理对我重要"的说法是一种倒退与误导。第二，真理发生——它不应该被理解为知识，而应该被当作转变我们的事件。第三，是真理让意义得以可能，而不仅仅是揭示意义：我们自身存在之实因真理而成为可思议的：

我们可以思考存在之实是什么意思。在此，"思"不仅仅是意见，或者耽于想象的可能，思是有权威性的；思也不应被感知为一种纯粹的精神活动，因为真理不是由这样的思考的结果所构成，而是令思考可能者（enablement of it），甚至可能是这种思考的强力性要求。最具挑战性的任务是直面眼前不可回避的问题：如果我们可以权威地（普遍地）思考意义，那么，意义本身是什么意思？在此我试图指出，意义是由降临我们的真理的转变性强力建立起来的我们自身在世界中的存在之实。然而，不管60 为实现这一点要付出多大的努力，提出这一点只是赋予分析以内在的一致性，因此可以再问一次：在第一步对无垠空间崇高浩渺的观察，以及第二步向内对自己的思考的意识中，所发生的事情给两个朋友带来了什么？还有第三个发现，几乎不被注意地隐藏在反应中；它随着最高的要求与承诺浮现：不管多么隐晦，我们都学习了存在意味着什么，并思考了前两个发现所蕴含的真理。第一眼看去，发生在看星星的两个年轻人身上的三个阶段似乎可以简单用话题或兴趣的转换来解释。然而，如果金库里的货币被更深思熟虑而不那么匆忙地使用，那么他们辩证的购买就会是回报远为丰厚的投资。我们问，在思及天地之大而令新的觉知成为可能时，令人惊愕的不单是天空本身，而是令我们对它的思考成为可能者；尔后二者中哪一个揭示了我们自身令人惊叹的实在的真理？被转变的不只是我们的思想，还有我们自己，以及我们所在的世界。这的确是神奇的。神奇的不是宇宙之大，而是伴随着不安的自我的发现。思考宇宙的我们是谁？思考——并且觉知——对宇宙的思考意味着什么的我们是谁？不论我们还意识到其他的什么，有个无可避免的发现是，我们置身浩渺宇宙，而吾人之所在根本地改变了宇宙本然之所是。一根胡萝卜同样存在于这个世界中，是这个世界极微小的一部分；但在胡萝卜那，没有任何东西在根本上改变世界的意义。一个能思考整个世界——包括他自己关于世界的思考——的思想者，需要对实在的意义整个加以重新评估。这里被改变了的不单是我们自己，而且是宇宙本身，因为现在宇宙成了我们思考的客体，并且这个宇宙还必须能够容纳有能力把握关于它的真理的思考者。

当前天文学上的种种发现肯定是激动人心的，我们在伟大宇宙学问题上的知识进展不能被当作无关紧要的东西撇在一边。然而，在这些丰富知识中存在着某种程度的迷雾：其他星球上可能存在生命，但这并不比地球上存在生命更重要。我们现在得知，在布满繁星的苍穹上能看到的天体如此浩瀚，它们几乎都必然被认为是巨大的气态物质团块，其经历的巨大核爆炸所产生的能量使它们在银河系以外的距离上能够被看到。如果在宇宙的其他地方存在生命，它是在我们看不见的更小的卫星和行星上：那里我们用肉眼只能看到我们自己的一些行星和遥远的太阳，看上去跟我们自己的太阳一样，一个喷发的核火球。我们已经向太阳系其他行星发射了太空探测器，迄今为止，所获寥寥：它们都是些巨大的岩石或气泡。它们在体积与数量上的庞大令我们的地球相形见绌，于是乎我们体量之微小似乎暗示我们在价值和存在上的微不足道。在亿兆的核太阳的表面不存在躺在绿色山坡上遥想宇宙的生命。而且，如果凝视星空似乎将我们日常所关心的东西都变得无关紧要，这对真理造成的伤害是巨大的。如果我们曾经对不起朋友、伤害了一个孩子或

61

丧失尊严，亿兆的天体都不足以减少我们的罪责：即便是天体爆炸的巨大恐怖也不能令我们会谋杀、盗窃、强奸、背叛、庸俗变得不那么可怕。的确，注视群星激起我们的惊奇感，重要的是我们的惊奇，而不只是星星。对仰卧当地小山坡上的少年朋友来说，对置身世界中自我的发现只是一瞥或灵光一现，这一瞥或许会是引爆思想引信的火花。许多人躺在山坡上并被深邃的真理触动，但如果只是稍纵即逝的一念，那就跟在游乐园坐过山车一样，这不是惊奇，只不过是眩晕中的一种肉身乐趣。我们必须对自己的思想加以思考。

然而，转变却是因某一时刻而来。可能存在一个没有我们关于它的思想的世界吗？假如没有思想，当然还是会有大量实体，但"世界"这个词所给出的融贯只有当其被思考时才会出现。尔后第二个重要的转折是：思考者不仅是世界中另一项存在物，而且是给出融贯性的那个，融贯性不仅在无数星系之间，也在世上的它们和作为思想的存在的我们之间。我是已然微小的星球上的一粒微尘，这意味着什么？我们怎样思考这种现象？为什么我的实在和真理的尺度只能以任何事物的物理大小来衡量？相对于核物理学家所研究的由原子与夸克构成的视野，我是巨大的。在天体物理学与核物理学中令人惊奇的不是尺寸而是法则：存在着支配星系与夸克的法则，由此它们有序从而可以被思考，这意味着什么？由于我们是唯一一个思考这样的法则的存在，我们对它们的把握令我们在这一意义上是独特的：令我能够计算外部现象的东西，无论如何不可能和让我能够思考计算它们的意义的东西是一样的。

在这一发现中有一个危险："思想"这个词一定不能狭隘地

省略惊奇感和敬畏感去理解。这不仅是因为我能以某种方式弄清楚这些星系的范围有多大，而且我能确凿感知它们的巨大甚至我自己的归属与疏离。通过意识到在我们的惊奇之外是冷漠无情的自然界，这一点可以被更深入地分析：贬损我们的不仅是外部宇宙的尺寸，还有它机械的不可避免性，我们感觉宇宙的疏离，是因为它无情运转，没有约束或道义之锚，就像一个非人的机器以其无感的强力终极地粉碎我们。在这样的一个世界里，那些有关怀和价值的存在者完全不可能有立锥之地。因此，我们倾向于把世界跟人分开。不知何故，作为道德和存在意义上重要的我们，似乎并不属于这样一个世界，这样一个世界也不属于我们。于是，很容易认为只有无情的物质和能量构成的宇宙是实在的，而我们这些关心与惊奇的人却不知何故是不实在的；只有造就我们在空间中的广延的原子是实在的，因为它们也是机械论式的。然而，欲在这一形上的分裂中寻求庇护的冲动是无可抗拒，甚至是被要求的。天地不仁，但这不是世界。那么，我们该如何思考包括自然但却不可归结为自然的世界？仅仅指出世界中除了自然之外还有被称为人的非自然实体是不够的，因为这样的说法只是对问题的笨拙陈述而不是解决。它是问题的笨拙陈述是因为，它深受自然主义的影响，其用词"非自然实体"不论是在形容词还是名词形式上不可避免地以自然实体为范式；但从范式上讲，实在既不是自然的，也不是由实体构成的。这是一个避不开的觉知，我们在世界中的在，本身是内在于在世界中存在是什么意思这个问题中的：在世界中的我们——而不是我们和世界——要求思想。对这一问题的把握是一个转变：我们，在世界中，是一个问题。在山坡上仰望星

62

空的年轻人多少感受到这一点：真理是有意义的，这是个神奇的觉知，它不可能被弃之不顾而不失去某些珍贵的东西。真理有意义这一点必定改变"世界"与"我们"的意味。

认知不是通往关于世界的真理的原始路径；我们并非从一开始就成为世界的认知者；我们栖居于世，在世界中获得归属，找到我们存在的根据，在其中学习。问注视星空意味着什么即直面世界作为陌生的和熟悉的、当地的和异邦的、接纳的和排斥的存在。如果说敌意场所的巨大冷漠因其自然主义的顽冥而疏离，那么它们的距离就是种安慰，恰恰因为世界作为邻在的提供栖居之所，我们是受欢迎的。栖居因实在而成为可能；而真理作为实的奠基其上。

有些事，我们说，发生在躺在山坡上的两个少年朋友身上。对他们来说发生了什么？也许发生的事太多，没有一个单一回答是充分的：他们被驱使着去思考；他们先是看起来很小，然后又很大；不论多短暂，他们被抽离于共同体之外，直面非日常性；他们发现，虽然尚不理解，他们自己与世界的联结，世界与他们的联结；他们被弄得不安宁，却被提升了；他们甚至可能觉得在某种程度上是赤裸的，仿佛某些内在的秘密被曝光。然而，这些事件不是作为断裂与独立的恣意横生，而是多少作为一个事件；唯一可以将它们作为单一概念统一起来的词是真理。这个说法听起来也许挺奇怪：我们说真理降临他们。这不只是指作为知识的必要不充分条件的真，还是指作为一种诱惑的真理，作为一种现象的真理，和作为立足于实在的真理。发生在他们身上的是立足于他们的实在的真理，但最重要的是，真理使他们能够——有时甚至是强烈地要求他们——直面成为

实在的对他们意味着什么。发生在他们身上的是真理的冲击，
其强力令他们能够因为真理而具足意义，他们之所以意义具足，
是因为思想的权威性，他们能思考令他们在这个世界上成其为
自己意味着什么。他们在世界中的存在的意思是被作为可思议
的加诸他们的；吊诡地，世界唯有通过思想才被揭示为能够成
其为世界，即便思想之为思想是因其在世界中而可能的。世界
作为我们的世界的可思议性和我们作为已然在世界中是自成一
类的（sui generis）：它不是科学，也不是艺术，不是逻辑也不
是道德判断。它是哲学。很容易——这是个必须抵制的强大诱
惑——把它看成仅仅是反思，或者"二阶知识"。虽然它自成一
类，但却不完全是陌生的。没有一个词是完全适合的，但由于
这一发现似乎直面了在世界中的我们是谁意味着什么，以及有
我们在其中的世界意味着什么，也许对意义的思考就是转化为
真理——不仅是"关于"那些发生在世界中的事情的"真理"，
而且是作为真理的存在。

　　现在有必要将夜空下少年所在的宜人的山丘暂时换成一个
俯瞰战争屠杀的山丘。这同样不只是一种外在遭际，更是直面
自我。能够做出这样可怕事情的我们是谁？看着那些受害者你
首先可能会义愤填膺地声称：这根本就不应该发生！但随着思
考的深入会产生更大的厌恶：这是我们干的吗？于是我对人类
不再有任何的兴趣或者有任何的喜爱。还不如做块石头或做根
胡萝卜，因为这简直是无法承受的耻辱。这就是我们的真理：
厌世者。对我们存在意义的思考中包含着我们不愿面对的真理，
这似乎不但取消意义，更明确地诋毁它：不存在比存在好得多。

　　这很可能是一个过于草率的判断，但其影响不容小视。没

人能保证我们在形上层面上的发现一定受我们敬重；可以保证的是，这样的学习转变我们。在自我学习中，需要持续地付出很大的努力才会明白，即便是可怕的东西也是真的，并因其真而具有值得探究的价值。然而当他们看着大规模的被屠杀者，你可能会想起林肯的葛底斯堡演说：这些逝者并未白白死去；那些长眠于此的人将自己完全奉献了出去。这些被杀的人愿意冒险吗？有人明知自己是去牺牲而光荣地死去吗？这样的勇气与奉献也许以这样的方式再造了这片土地，以至于笼罩我们脑海的是荣誉而不是惶恐。正如星空让我们显得渺小而又伟大，因为是我们在思考着它们，因此，牺牲了的死者将渺小与伟大注入我们的真理。这浸透鲜血的土地是他们挚爱的家园，而他们属于这片土地，它甚至比他们的生命更重要，就此而言，人大规模地杀人真的比人甘冒杀戮风险更令人震惊吗？我们怎么能够做出这样的判断？但我们没法逃避：我们必须判断。众如繁星的死者，静候我们必然的想法：真理，再说一次，是重要的——不只是对我们重要，并且是绝对重要；即它在这个世界上做出分别——我们无法回避其要求，却可能轻率地欺骗我们自己。我们因不得不承认这些是我们的问题而被转变，对它们避而不谈是可耻的，然而，直面它们又是可怕和困难的。

我们的确，合理地，对骇人听闻的状况做出判断；这冲动不是要终结对骇人事件的认知，而是要直面它们。即便我们明白那些牺牲惊人的高贵，我们也会知道战争的恐怖。现在的问题还不是对这两者哪个是恰当的评估，而是对我们在世界中的存在做出判断本身意味着什么。如果我们对此不加判断，或者我们试图让自己进入不声不响的昏沉麻木，那么我们自己也变得卑劣。在这一义务中有一种强力：判断者谁？回答是：我们是那些必须判断者。未经请求与不被需要的权威从何而来？真理。真理于是不只允许判断，并且要求判断。即便是对躺在星空之下山坡上年少的我们也提出要求。我们在这个世界上，而我们之在改变了它的意义，因为只有我们才将世界当作世界思考。但从山丘到山丘的转换提出了新的问题：真理如何令二者均成为可能，对星空的惊叹与对战场的厌恶，伴随着我们对勇气与牺牲的惊诧？第一个跟第二个难道不是完全不一样吗？可能不一样，但并非截然不同。因为在这两种情况下，我们是谁的问题被以这样的方式加诸我们，要求我们思考我们是谁意味着什么。然而，区别是如此深刻，它不可能被忽略。如果我们让两个少年回到最初的那个山坡，我们可以想象进一步的谈话内容。

"你认为会有一些其他的星球也住着人吗？也许不完全跟我们一样，但跟我们很像，所以我们可以想象，他们也会为星空而惊叹？"

"嗯，既然有那么多的星球和行星，而且科学家告诉我们，从宇宙的起源到现在经过了那么漫长的时间，我猜我们是唯一有思想的存在的概率相当小。"

"对，我也听过这样的估算。我不确定我们是不是唯一会思想的存在者；我不知道。也许有其他这样的存在者。但你的观点令人困扰。你提到概率。但关于概率的这种估算基于这样的假设，即我们本身在地球上的存在完全是因为你所说的'概率'。我不清楚我们是否是机会或'概率'的结果，因为那就是说我们可以仅仅通过自然来解释。我相信，自然部分地是进化的：

只要有足够的时间和原始的各种能量，我想特定的原子或能量肯定会聚合为碳、氮、氢和氧，从而产生最初可繁殖的微生物；一旦有了这个，生物将可以进化出更高级的动物种类。这可以解释我们是可能性的产物；如果它的确可以解释我们，那么，也只有这样，你才可以说，其他星球上还有其他人的概率是存在的。你是这个意思吧？"

"那应该是我的意思，难道不是吗？虽说我不确定我是不是这个意思。这让我觉得不安。"

"是什么让你不安？"

"我不知道。正像你指出的，以这样的方式考虑问题，那我们做的所有事——艺术、科学、理性、爱，甚至惊奇——都不过是自然事件，可以依解释其他自然中发生的事情的同样的原理加以解释。或者自然远远多于我们所想的——在这种情况下我不确定它是否还应该被称作'自然'——或者世界上存在着真理，它是不能用自然来解释的。我没有意识到谈论宇宙中其他行星上存在人类的概率自然地让我成了进化的自然主义者。我希望我没有做出过这样的建议。"

"我很高兴你做了。它表明，仰望星空是比看星星更惊奇的事……"

"因此，也许所有这些闪闪发光的亮点只是些气泡或者岩石；因此我用不着觉得自己那么渺小。"

"世界上所有的石头都不如一个人有价值。"

"对。是。但气泡和岩石都是实在的，跟人一样实在，不是吗？"

"也许吧。但是，说我们和岩石一样实在就是否认我们的价值是实在的，因此，对价值的判断只是我们视之为那样，而不是它们在实在中是什么。如果价值不是建立在实在基础上的，那关于价值的判断不可能是真的。”

“你老是搞这些！你一再指出在那些世界上看上去最明显的事情背后的假设，而这些假设是站不住脚的。你是在说我们比星星更真实吗？那听上去好傻。”

“嗯，如果你有价值而岩石没有——它只有在特定条件下的相关价值——并且如果价值是真的，作为其基础的是实在；因此，你或者有比岩石‘更多’的实在，或者是有比岩石更高等级的实在。”

“为什么不简单地说有两种不同的实在，星星的和我们的？慢着！哪怕是我也能看出这行不通。世界上可以有两种、三种甚至更多种事物，但不可能有两个世界或两种实在。但是为什么你会说我们比岩石更真实？”

“因为，正如我刚说的，价值的判断可以为真，而真是建立在实在基础上的。你是认为在价值判断中没真理吗？”

“假如在价值中没真理，我就得是道德或审美上的相对主义者，而因为我知道仅仅为了自己寻开心而殴打某人是不对的，我不可能接受这样的立场。因此，是的，在对价值的判断中有真理，仅仅是这样说已经让我既害怕又渴望，我很激动，因为你和星星刺激我，我感觉处在巨大的斗争中，真希望咱们没上这来，但我觉得自己又有那么点高兴。尽管有你提出的那些观点，我仍然抵制关于实在的等级的观念。有些东西要么是要么不是。”

“我支持这观点。给定任何实在——我把这当作你所说的东西——它或者存在或者不存在。我们问是否，我们对此做出回答。我们问鬼是否存在，答曰它们不存在。可是，我们的问题并不局限于'是否'，还包括'什么'，因此我可以区别我们是否存在（是，我们存在）与我们是什么（实在的意味可以作为真来考虑①）。"

"我把这当作你的意思，作为实在的是什么意思在某种意义上包括关于我们的价值的考虑。由于我们是可以更有或更没有价值的，因而你想说我们可以是更真实的或更不真实的。"

"除非价值与实在被联结起来，我看不出关于我们的价值的任何判断会是真的。然而，由于那就是我所有的要求，我关于实在允许等级的说法也许是错的。虽然如此，我们作为实在的意味，比岩石作为实在物的意味更有价值，这一点仍然是真的——虽然实际上我所知道的只是岩石存在；我不确定我真的知道它们的本质。确切地说，在我看来我应该说，对于岩石来说，它的实在意味着它能被看见以及作为在我们之外顽固的实体为我们所触及。如果这些是你能接受的，我将不再说什么实在的等级。"

"好，我们可以不再提它，至少将它搁置起来。归根到底，当我们来到这里，我的第一个反应是星星让我觉得自己是多么渺小和微不足道，那是一种关于价值的感觉，不是吗？到此为止你所做的是表明，这样的价值不只是被感觉到的，而是被思及的——也就是，这是真理的一部分。但是，如果真理必然地植根于实在，那么我们也许应该持有实在允许等级的观念，尤其是如果我们可以问作为实在的意义。你为什么往回退得这么

---

① 此处原文为 "what it means to be real can be thought about *as true*"，意思是在关于是否实在问题上是有真理的。

快？如果你所想的可能为真，你不可能对此无所谓。"

"哦，我们可以无所谓，但我们不应该这样。你看，我们正在做什么，就是现在。我们正在思考世界并且给出理由，以及思考我们关于世界的思考意味着什么。我们权衡和抛弃各种建议，因为它们看上去不融贯，或者我们暂时接受它们，因为它们似乎能让我们有更多的理解。我们在意义问题上对融贯与理解的关注为何重要？一个理由肯定是，融贯或可思议性对于真理和探索来说是必要的，而另一个理由是，在世之在就意味着意识到思考——融贯是它的组成部分——是真理必不可少的，并且，思考必须同样也是实在必不可少的：实在的不可能是不融贯的。我们可以问实在——或更准确地说，作为实在的——意味着什么。我想，让我来劲的是，关于意义的追问包含着那可能是真的的建议；即便它是并且尤其是关于作为实在的意味着什么的建议。这难道不是很令人惊叹吗？"

"我们不是令人惊叹吗？我们回屋里去吧。"

67

他们是得进屋了：星光正变得暗淡。由他们的谈话中呈显的建议可以被放在这样形式的问题中：为何将真理解释为令判断与思考成为可能，而不是相反？通常真理被视为思考或判断的产物，或者甚至仅仅是思想和事物之间的关系。但如果真理转变人，它不可能只是一种关系，也不可能只嵌入在命题中。以下的建议不是更合乎传统，并且的确也更合理吗？假定那两个朋友被改变了，而改变他们的是他们自己的思考，它是由仰望星空而产生的渺小与敬畏的心理感受引起的。这与因触碰热炉子烫手导致行为上由不注意到小心的转变是同一类型的转变。按照这种类比，真理，作为使能的，与这样的转变无关。准此，导致他们转变的是心理感受。但是，转变不能被归结为只是态度上的改变，而是实在本身的形上与终极重建，从而真理必定是中心。因为发生在我们身上的是我们作为实在的转变——从而实在本身意味着什么——能够造就如此深刻转变的只能是足以在我们的思想上引起同样深刻转变的强力，只有真理能承担这样的双重角色。真理成为主动的而不是被动的——真理本身确乎由思想所造成的转换为令思想可能的。形而上学真理因而总是与意义有关，正如它使意义成为可能；在最高层次的真理上，它使实在的意义成为可能，而不是相反，如同流俗意义上的实在使其真理成为可能。

　　说真理是"使能"（enabling）或"要求"（demanding），需要进一步的反思。真理如何"要求"？真理不是一个伦理规范，不是舰长，也不是自然规律；这三者都可以合法地说是能提出要求的。真理如何"使……能"？物理原因令特定事件得以发生，熟能生巧，宪法能让我们自由表达而免受政府的报复；但真理既非原因，又非技能，更非法律文件。将真理作为一种形而上学现象来理解要求依其存在的总体性加以省思，而不是仅仅被视为关系。"处于……南边"是一种关系；作为关系它是建立在被建构的框架的视角中的，在这个个案中的框架是标准地图，它让我们按照与芝加哥的空间关系定位新奥尔良。命题意义上的真理仅仅建立在对应关系的基础上，因而重要的是事实，以及与事实相联系的命题。但关系不是现象。说真理是一种现象就是依真理之为真理意味着什么肯认其形而上学地位，它包括但不限于个别命题之为真如何可能。我们怎么能把这一说法想得更清楚？类比可能会有帮助。回答这个问题：为什么我不能

68

在十字路口停车？也许是，因为它犯法。这里的"法"充满歧义。一方面它指特定的当地法令或法规，这可以通过数字和符号来确定。另一方面，法令或法规本身只能依"法"这一现象才有意义，这里包括像警察开罚单、法庭判决、律师行为；它还包括诸如文明自身、权利与义务的普遍性、宪法的合法性这样一些即便重大但令人生畏的概念，且不说自古以来关于诸如法的起源与意义这样问题的大量哲学文献。这些加在一起构成法的现象。然而，单单是一个局部法令就预设了所有这些海量与厚重的议题；在某种意义上，即便是由真实的警官开出的实际罚单或拘留，都会是法在实践中最具体与直接的体现。类比是这样的：命题真理接近于作为特定法条的法；真理现象接近于形上意义上的法，意思是，法植根于人类存在的本质中。法的现象存在于我们思考它的各种方式以及法的不同层次中，理论、宪法、法庭构成一体，而不只是个别法条的集合。这一类比告诉我们，真理现象包括我们如何思考它的各种普遍方式，以及真理如何在其各种意义中实际发挥作用。可是，我们如何在诸如符合、融贯以及实用相关性等传统理论解说之上思考真理现象？在本章开头处对所草描的山丘上两个朋友场景的反思中，真理被刻画为：（1）重要的（mattering），（2）发生的（happening），（3）使……能的（enabling），（4）揭示的（revealing），以及（5）要求的（demanding）。依相反顺序对归派给真理的这些内容加以简要说明将会是有益的。说真理本身要求，而不是感兴趣的个体探究者单纯心理上的说服力要求，意味着什么？它要求的是什么？它如何要求？要求是对谁做出的？最后一点也许是最有启发的：被要求的是每个但凡反思的理性存在者，并且是以两种方式。第一，每个反思的存在之所以是反思性的，只因为这样的反思不是可选的：这里有这样一个意思，探究多少是义务性的而不探究则是逃避；第二，探究自身的本质是这样的，理性、证据、权威以及合理的发现"命令"我们，几乎就像是发令，抛弃未经深思的信念，以及即便探寻是困难的仍继续探寻。为什么是这种奇怪的说法？为什么不是说学习哲学真理是我们的兴趣所在？兴趣也许不够强。探究是有权威存在的，它由论点与论据支撑，权威要求我们，而不是相反。真理因其作为现象的权威而提出要求。

真理同样揭示。这在某种意义上是海德格尔的论点，但它显然具有独立于并且先于他对此所展开的论述的地位。真理所揭示的是意义或者说可思议性。在审判中，被告之罪不是凭单一证词或某项证据就可以被揭露的，它是由整套程序确定的；然而，伟大的戏剧如莎士比亚的《理查三世》或奥尼尔的《送冰人来了》同样可以揭示罪本身意味着什么。在这样的个例中，审判或戏剧可以说揭露罪恶，这样的揭露是一种发现，它无疑属于我们所说的真理现象的意思。说真理同时"使……能"在康德的批判中有其根源：我们可以通过反思认知行为发生所必须预设的能力，来解释经验是如何可能的。能力就是使我们能做某事的东西。然而，真理之为"使……能"的概念有较之在康德的教义中更大的意义与运用。在让我们能够对令我们能者进行的反思中，我们达到了思想的最高层次——哲学——这进一步让真理通过其"使……能"而能转变我们。也就是说，我们被做成能懂得我们自己的力量；这意味着不是我们自己的力量使真理可能，而是真理，作为一种现象，使我们有力量。还有什么别的能令自我学习成为可能?

如果我们要把真理看作是一种现象,就必须说它是发生的。对山丘上两个朋友来说所发生的是事件,如果你愿意的话,一个教化性的事件,此际发生(occurs)的是学习。这样的学习具有事件的地位,从而可以发生,要求我们将学习这一现象考虑为更为广阔的真理现象的一部分,从而允许"真理发生"这样的煽动性的说法。法庭中所发生的令被告犯罪真相公开或显现的是一个事件,以及因而是一个现象,这是真理发生这一更大现象的较小的方面。然而,发生在小丘上的朋友身上的不是诸多可能现象的一个,而是具有根本地位的一个事件。认为真理作为一种基本现象而发生,这在形而上学上有极大的益处,它为真理提供了一个比仅仅只是关系要更崇高的核心地位。

真理重要,这也许是最难解释的,因为本能追加的"对谁"是必须被抵制的。说真理对某些人重要暗示它对其他人可能无所谓的可能性。即便我们补充说真理对每个理性存在都重要,哪怕许多人没有意识到甚至否定这一点也一样,也还是屈从于个体的态度,即便这时它已经被一般化了。真理重要不只是一种一般性(generality),而是普遍性(universality);因而不存在与人称相关附加的"对谁"的要求。真理重要。句号。这是什么意思?这部分的意味着,真理具有内在的价值,被认为的事实/价值二分的权威性对这个说法来说是个麻烦。事实与价值迥异,因为价值是主观的而事实是客观的;但这一点不能转用到意义与实在上;因为意义不是主观的,而实在也不是对象。

这与两个朋友在山丘上的第二次思考①相呼应。意义是实在的，而实在是有意义的，虽然这并不意味着所有实际存在的东西都是有意义的。这两个概念都是有意义的，因为它们的反面都是可能的。一旦我们将主观性价值概念与普遍性意义概念区分开来，以及将形而上学上在先的实在概念跟认识论基础上的事实概念区分开来，真理具足意义的观点不能通过诉诸事实／价值二分概念被阻遏。通过这一澄清，现在可以合理地接受真理重要的观念；但在对这一点的理解中，我们现在被驱使着去考虑，是什么有助于我们达到真理重要的观念，我们发现，这不像你可能首先倾向以为的那样，是由认识方面给出的。相反，由于当下所进行的是关于真理作为一种存在现象的反思，我们开始认识到，必须把类似的重点放在我们发现这样的真理的能力上。因此，我们必须由传统的对认识的关注转向更为重要的现象——学习。

我们之为实（在）意味着什么不能仅仅通过对我们的意识与心灵的分析来揭示，也肯定不能通过对认识的考虑来揭示。认识论的进路太狭隘了。但进路也不应该太宽泛，因为并非我们所做的所有事情都具有形而上学的重要性，我们对自己日常行为的思考肯定不是形而上学的思考。我们所做的几乎所有事情都可以被诗人和思想家做深刻的解读，但在这样的情况下，是我们如何思考它们令它们在思想上有意义，而不是它们本身的话题性。这让事情变得复杂了，因为，我们怎么事先知道如何给我们的行动与经验排序，从而不被平庸与无意义的东西带

---

① 即前面所说的从山丘俯视山下战场的场景。

偏？我们为什么得要事先知道这样的排序？先于什么？然而，在某种意义上，如果我们事先不知道哪些话题值得思考哪些不值得思考，那避免平庸的警告对于这一避免的可能性难道不是一种累赘？

有一件事我们学到了。我们学到了区分有意义与无意义，平庸的和深刻的；事实上我们甚至学到了如何做出这样的判断。那么，以这样的方式学习意味着什么？由此我们学着成为实在的意味着什么？学着被真理所转变意味着什么？这里出现了一个新的悖论。如果我们学习关于我们自身之为实，似乎我们只需学我们已经学到的。假如我们自身之实在对我是直接可及的，那么，看上去我不可能去学习成为实在的意味着什么，因为我已然是实在的。在某种意义上说，我们的确学习我们已经学了的。在下一章中，我们会研究一个实际的历史人物，作为我们如何学习我们已然所是的典范。

六　学习者

他们在此献身，他告诉我们；由此让他们这个八十七年前
建立在自由和平等的基础上的国家战胜叛乱。即便是今天，这
一伟大的战地演说仍然在我们的脊椎中注入一股股激奋的暖流。
这是一个雄辩的杰作，甚至可以说是诗的杰作。其中有伟大的
真理和伟大的美。它帮助转变了一场战争、一段历史、一国人
民——甚至整个世界。学习它甚至会帮助我们转变为我们的遗
产的学习者，以及内在于其中的真理的学习者。虽然这样的一
些思考会是丰富和富于成果的，但眼下这一探索的焦点不是我
们如何由这一演说学到什么，而是其作者如何经由对他自己以
及我们的实在的学习被转变，这一实在令学习成为可能。就葛
底斯堡演说是一个诗性艺术品而言，它是天才的产物，从而超
越阐释，因为天才不遵循审美条理的规则，而是给出规则。然而，
就演讲同时反映了一个伟大的学习者所学到的智慧而论，也许
我们可以通过标示其学识的发展时期，具体揭示转变性的形上
学习如何以及为何，不但必定发生在一个丰富的文化中，同时
必定仰赖于其遗产。由于真正的学习总是真的，它不可能是文

107

化相对的；但离开特定历史传统提供的可能，这一学习不可能获得其深刻性。因而，可以追踪林肯强力性与博学的智慧，正是它将林肯转化为人类历史上最伟大的学习者之一。

林肯作为一个农家孩子、劳工以及后来的地方律师成长于其中的美国，是一个不真实的巨大政治拼合物；用一个现代心理学术语来说，当时的美国处在一个否定性的状态中。1776 年，奴隶拥有者托马斯·杰弗逊写下"人人生而平等"[①]，而这一反讽发展成了深刻的分裂，从而如果没有冒险犯难的决心再也没法维持太久。那时候有奴隶贩子、奴隶主、废奴主义者、奴隶解放者、反联邦的北方佬跟支持联邦的南方佬、漠不关心者、激进者，以及那些如此困惑于是干脆不去想它的人。国会一直是政府最强大的部门，而总统始终被极大地削弱；在参议院中有一些技艺高超的操控者，他们提出一个又一个的妥协，以维持两套体制（联邦制与奴隶制）完好无损。像克雷（Clay）、韦伯斯特（Webster）、卡伦恩（Calhoun）、道格拉斯（Douglas）这些人在处于两个极端间复杂的策略转盘上保持平衡，就像马戏团里的小丑。西部扩张，来自爱尔兰和欧洲大陆的大量移民，以及工业革命，将社会机体扩展到了参议院已经不合身的旧衣之外。我们不应忘记，十九世纪初，西方文明世界的大部分都还认可奴隶制；而仅仅过

---

① "All men are created equal"，直译应为"每个人被（上帝）造而为平等者"，"被造"的说法当然来自基督教关于人是上帝所创造的观念。"生而平等"在西方基督教文化背景下是由天（上帝）赋权利引申出来的事实性表述，而这一表述对非基督教文明来说也是可以理解与接受的，也许正是因为这个原因，此一句式在中文中历来译为"生而平等"。

了六十年，这个世界的大部分都已经拒绝了它。可是，在美国，"怪异的体制"在南方有其奇特的根源，它更多的是社会和种族性的，而不是经济性的；因此，甚至专制俄国的沙皇都在热爱自由的美国解放他们的奴隶之前废除了奴隶制。美国人对参议院遂行持续政治妥协近乎悲剧性的信任，加剧了人们对政治场域中内在矛盾怪异的盲目性。林肯本人在1840到1850年代似乎也应和这种自欺：他痛恨奴隶制，他看出，一个分崩离析的议会已无以维系，然而他拒绝废除奴隶制，出于政治考虑，他甚至支持让那些其法律中包含蓄奴条文的州继续这一怪异的体制。与大多数同时代人一样，他也还不是一个种族平等主义者，因为他坚持作为白人男性他高于黑人女性这一点。显然，在这个伟大议题上他自己的思考尚未充分发展；或者换个说法，他著名的诚实现在得指向他自己。然后，在这个问题上他需要思考得更深入，因为他感觉到，他自己头脑中和国家作为一个整体的无方向的混乱本身就是导致危机的原因。因而他开始了一个针对自己的空前课程，意在揭开他——以及我们——自身之为实在的真理。这一学习可以被区分为两个不同的"课堂"：第一个接近于讲座，第二个近似于辅导。前者的大部分发生在他的总统任期前，后者的大部分则是在他作为总司令时；然而它们共属一个形上自我学习的残酷学校。更糟的是，他还感觉到这些政治上的妥协正在扭曲真理：它们让我们盲目于自身的实在。

第一个课堂

关于第一个课堂，引人注目的是它的教师：一对文件——《独立宣言》和《联邦宪法》。当政治危机深化，关于我们的实在的形上困惑也同样加深。关于一个人的存在的本质的混乱，要求深刻的思想来拯救。他那个时代更暴烈的思考者和政治上的修补匠会弄出一个带有机会主义标签的"教条"，尤其是斯蒂芬·道格拉斯，他在支持1854年堪萨斯－内布拉斯加法案时坚持人民主权论①的特设原则。听上去如此诉诸多数统治的民粹信念，比任何其他的法案都更释放出最终将导向战争的政治力量。林肯不得不重新审视这两份授权文件；但不仅仅是作为对他自己关于联邦的政治理解的支持，而且是作为他自己对我们之为实在的更深理解的基础。他意识到这两份文件中最初的智慧要么被遗忘——或者更像是——要么从来就没有被完全付诸实行。他开始在这些文件的坚硬岩层上展开艰苦工作，不只是作为政治指南，或甚至是政治契约；而是它们使一种思想方式成为可能——让国家之为实在成为可能的美国式思想。林肯没有留下关于他的反思的书面说明，没有反映他作为思想家的发展的日记或宣示；但他的演讲和信件提供了关于其发现的某些线索。尽管如此，我们有可能设想这些步骤应该是怎样的，和他一起展开我们自己对这些文件的反思。因此，以下所说的不是基于单纯史学研究的发现，但却肯定与文件本

73

---

① 南北战争前的一种政治学说，主张加入联邦的各州可以废奴，也可以蓄奴，最终由各州人民自己决定。

身以及林肯本人的行动和公开表达相一致。处理它的另一个方式，是指出我们和林肯一样拥有同样的奠基性文件；我们可以钻研它们，从中学习，并且在我们的学习中以我们关于林肯和他的时代确切知道的东西为指导。以四个段落为焦点是有益的，每个文件两段，反思林肯如何通过关于它们的形上思考学习包含在它们中的真理。

1. "我们将这些真理当作是不证自明的，人生而平等，他们由自己的创造者赋予了这些不可剥夺的权利……"《独立宣言》第二段开始的这个句子的第一部分不仅仅是一个历史性和政治性的宣示，它帮助申明殖民地从英国独立出来的合法性；也不是盲目接受下来的逻辑证明的第一原理。这是富有教益并且创造性的，依其自身的语言吁请更深刻的思考。作为理性启蒙的产物，它却令其读者意识到对人类理性的基本信任，以及真理的绝对权威。这四十一个字必然地将权利与思想联结起来。对林肯以及追随他的读解的我们，这一联结点需要加以揭示，因为在他的时代这一点似乎被忽略了。能够思考是权利的终极起源，这是不可否定的。将这一点具体化，对林肯宣称他作为白人男性相对于黑人女性的"高等性"这一点加以考虑是有帮助的。她的低等，即便接受下来，也不能抹杀其人性这一事实。以几乎是康德式的风格，借助于《独立宣言》，他肯定黑人女性仍然是一个人。作为人，她可以思考，因为她能思考，她同样也能发现包括自由在内的不言自明的真理。因为她能思考这些真理，她就有这些权利。这一联系通常被忽视：这些《独立宣言》所指出的真理是不言自明的；这并不意味着它们是轻飘地显明的或者甚至是直觉性的；相反，它意味着任何思想者都可以通过

74

111

对它们的严肃思考而将它们弄清楚——也就是说：它们是可以被学习的。你不需要具有特殊的血统，或在高等院校受过特别的教育，或具有特定的社会地位或肤色；你甚至不必出生在任何特定地点；如果它们是理性本身固有的本性，无论被埋藏得多么深，作为理性的人，这些真理的发现者都能通过发现真理而获得权利本身。"在这些权利中"这一短语暗示，在所列举的这些权利之外还有其他的权利；但它也意味着，我们对它们的了解乃基于我们普通的思考能力。不证自明的真理的概念与不可让渡的权利之间紧密的推论关系是不可剥夺的（unalienable，后来拼写为 inalienable）——权利的不可被让渡或褫夺乃出自我们的理性本质——本身是思考真理的结果，真理确立权利。有许多历史学家指出，林肯重新确立了《独立宣言》在两个奠基性文件中更根本的地位。他是如何达至这一认识的？宪法本身包含修改的权利；这一条款的确是它所给出的条款中最可贵和最成功的，使之成为政治躯体中鲜活、变动和发展的器官。但你不会修改不证自明的真理。《独立宣言》中所说的不能被改动或修改，虽然在权利的列举方面从语言上说是存在不完善的地方的。于是，在正式意义上，《独立宣言》是关于基本真理和权利的，这些真理和权利的来源是所有思考的人对它们的辨识。

所有权利都要求思想，不只是作为其基础，而且作为其实在——即它的意义。所列举的第一条是我们都是平等的。由于并非所有人在资质或自然秉性上是平等的，这一宣称似乎是无力的；由于智力、创造力、财富、聪明才智、健康、美貌，以及纯粹运气方面的巨大差异，这些肯定让关于无差别平等的宣示成为嘲讽对象。然而，如果认真思考的话，权利并不是那么孱弱无力：它清晰表明法律面前的平等。每一公民都受到同等的保护，且有同等的地位，不论个体或人类层面上人与人的不同。当时，美国的母国英格兰承认贵族与平民；其他国家承认贵族相对于普通劳动者享有法律上的特权；长子继承权长久以来在整个欧洲都得到确立。但如果说公民的权利——实际上就是所有能够思考不证自明真理的人的权利——是平等的，恰恰是因为真理就在那里，即便它也许并非总是显明的或被承认的，基于思考或推理的每个人的自足意义和法律的自足意义是相互联系的。因而，不是平等给予法律其普遍性，而是相反；法之为法的普遍性是法律上的平等的基础。引起麻烦的是杰弗逊和林肯怎么会支持一个国家在一些州允许蓄奴。这些人在他们的理性中是平等主义者而在行动上是精英主义者？至少林肯没有奴隶，但他还并不准备废除这个制度。那么，《独立宣言》中的主张只是理想吗？它们是遥远的目标，在尘世生活中也许从来不被实现？甚至更糟：它们是乌托邦吗？对于生活在二十一世纪的我们来说，这些著名人物看起来在行为上是不道德的：他们口称善言却并不听从自己心灵的指示。如果说林肯能够看出自明真理与被思考及由此被对待的权利的联系，他同样也会意识到，完美通常是可被实现的东西的敌人。他也知道文件并不止于真理给出权利的陈述，而是继续：

2.“——为确保这些权利，政府之建制在民众中间，由被统治者的同意获得其权力的正当性……”这段话同样需加以澄清：“被统治者的同意”是什么意思？它肯定不是说每个公民必须同意每条法律，因为那就成了无政府状态，没统治可言了。然而，它也不是简单指多数的统治；因为，如果我们拥有“不可让渡的"权利，即便是多数也不能把它们夺走。含糊其词的短语如"人民的意志"或是"公共的善"因其不确切性是危险的，它们可能是那么的短命，可能被用于其他地方支持一个独裁者。林肯用不着对此进行抽象的思辨，因为有扎实的证据表明，已然确立并正在实施的宪法的确是有效的，因为作为每个公民都能投票，并且投票者可以被列入陪审团名单的共和体制，同意是的确存在的。围绕着他的是运行着的力量，具体而明确，有效而权威，它们宣示同意：即便是小城镇的理事会、打狗队员、邮差——林肯本人曾短期从事的工作——州参议员、治安官、州长都是选举产生的；巡回法庭上案件被提交给陪审团，它由来自社区的十二个人组成。林肯在他代理的官司上有时胜诉，有时败诉；更重要的是，政府有的时候会败诉。这是行动中的同意，建立在法治的基础之上。对我们的探索来说重要的是文件与具体情况之间的联系。在他的日常生活中，林肯和绝大多数其他美国人接受如其所宣示的美国实在的存在现象；而当政治冲突似乎在展开并沿着党派边界被扭曲，他在真理中寻求锚定点。对他来说，文件中的话不是理论性或抽象的，相反，它们以其详细陈述的法则的清晰性为思考提供指南。然而，《独立宣言》主张的同意原则是自明性的。引文中的头两个词"我们认为"因而令人惊奇。为什么不简单说这些真理是自明的？以局部性身份为这一形上绝对者启其端绪，就像是说"2 加 2 等于 4 只是我的个人看法"。假设有人反对说，由于那只是美国人"认为"的真理，它们不是普遍性的。问题似乎是针对代词"我们，美国人民"，而不是真理的普遍性，但它们是被我们所拥有的；也就是说，我们是它们的保护人，它们的化身，它们被世界听到的声音:我们是谁反映在我们对它们的捍卫中。说林肯由《独立宣言》"学到"政府乃基于民众的同意并不意味着它因为被写在那而是真的;相反,在思考它的时候,他认识到"美国的"真理的普遍性是建立在不证自明或者说"可思议性"(thinkability)上。这不只是形式上自明的,同时也是在这个年轻国家的成长中自明的——也就是说,它是可学习的。这是形上层面的自我学习,将文件与现实的国家连接起来:作为思考者,我们是自己自由的起源这一点乃形上真理;作为美国人,如此思考必定蕴涵赞同,伴随赞同的是自由的实际实现。

这样的思想与赞同不是空洞无力的。我们不但因为自己的思想而具有权利,我们同样负有责任;林肯感受到此责任的重担。他有一个著名的说法是,他宁肯生活在自由被公开剥夺的俄罗斯,也不愿生活在一个自由在口头上被宣称而在现实中被剥夺的自欺的民主国家,这显示出他的关注点:伪善是传染性麻风病,因为它是在真理的根本层次上对自己的欺骗。如果说对真理的思考令权利成为可能,像伪善和糊涂这样一些反思想的东西则阻碍权利。接触自明真理不但将应该思考的负担加诸我们,并且,如果一个人具有领导禀赋,他还负有揭示真理和引导人们的义务。伪善本身由于被掩盖是相当隐性的;公众对自由的呼声越高,其影响越衰减。林肯不是个抽象地考虑各种方案的思辨者,他知道语言同时可以服务于说服与使真理成为可能。能言善辩的道格拉斯以美国思想的核心是"让人民决定"说服人们,如此说来,堪萨斯人应该是自由的还是被奴役的取决于生活在那的人们。林肯逐步学到的是,这样的理解不仅危险,而且是错误的。

他自己的演说意在令真理显现：被统治者的同意是建立在基于自明真理的法律的基础之上；联邦法律不应该建立在堪萨斯人的同意的基础上，而是建立在统一在法律之下的整个联邦的同意的基础上。分裂联邦就是让宣言中确立为真的同意无效。林肯学到了艰难的一课：他自己的演说的本质是必须在被认知为真的基础上进行说服。因此，我们看到，他的演讲越来越诉诸其听众对清晰性以及在他们的起源中固有的坚硬道义逻辑的体认。这种试图表明其对手不一致性以及他自身发展出来的智慧的普遍性的企图，乍看之下几乎老套，真正严密的是他的分析。然而，这一严密性带有新的美国独有的不甚雄辩的风格。重要的参议院华丽演说被代之以冷静的如诗般简要的才思敏捷的分析。英语语言的丰富遗产不能被当作这位来自伊利诺伊小地方的律师的教育中无关的因素被回避，然而即使在这里仍然可以分辨出驱使他将学习当作义务的急切。

3. "我们人民……"，联邦宪法序文开头的这两个词，引起关于其意义持续不断反思的必要。谁是"我们人民"？

一个大使和一个来自欧洲的商人是理性的存在者，因而是人民，并且继承了基于理性的权利。还有，到我们国家来的人，也受到统治美国公民的同一法律的保护。但是，作为非美国公民，他们不是内在于美国"人民"这一精神现实的一分子。因而，这里必须预设比仅仅受到政府合法保护和因有思维能力而来的自然权利更多的东西。什么是我们作为美国人所享有而在别人那里找不到的东西？这里当然有些官样的回答：如果他们是男性，达到一定的年龄要求，并且不是奴隶，他们有投票权，作为选民，他们可以出任公职。他们的人数决定了在国会中众议院席位的份额；他们的后代同样是公民，如果他们在这里出生，他们就有权出任总统职位。但是，这些法律所赋予的东西与在国族中更重要的成员资格比是相对次要的：作为美国人意味着一些东西。这一比继承而得的权利难把握得多的精神，构成林肯的博学的本质贡献。我们该如何理解它？"我们人民"只是一个政治联盟，或者法令，基于此，不同主权的州将它们自己联合在一起？在1787年这一最低理解可以被归之于宪法，但到了1860年，林肯对他所称的联邦（the Union）有了一个差不多是神秘的或宗教性的崇敬。他想，这更像是一个圣礼而不是一个契约。正像婚姻令两个原本没有关系的成人成为神圣的组合，由此发展出一个全新的家庭，联邦将我们联系在一起成为家庭里的成员。这一神圣性的精神标志了一个发展，它对于帮助建立了联邦政府的十八世纪理性主义来说是不可能的。启蒙运动通过聚焦理性做出了崇高的贡献，自明真理的观念与对情感化和非批判的信念的理性拒斥也是一致的。但是，肇始于康德的十九世纪唯心主义者们发现，理性主义的极端化对于人的全面发展是一个倒退。激情被重新纳入对智慧的追寻，对心灵运行纯形式的解释被发现不足以说明精神。林肯懂得国家不只是建立在合乎逻辑的基础上的，它还是精神性的实在。如果宪法产生自"我们人民"，那么，这一活的有机体的精神性乃至神圣性品质必须被认可和学习。然而，这一精神仍然建立在真理的基础上，因我们在良知上对其接受与承认其权威而得以成立；你当然仍然可以诉诸"理性"，只要你接受对这个词更开阔的理解。美国精神仍然植根于这两个奠基性文件中；真理的核心性在《独立宣言》中具有根本的重要性：林肯被驱使着学习

78

117

这一真理。

4."为了组织一个更完善的联邦……"为了理解林肯与国家面临的困境，有必要省思法律与自由之间过去实际存在，并且今天仍然存在的张力。我们，也许是含糊地，都意识到，没有法律自由是不可能的；但法律，而不是单纯的权力，离开自由也是不可能的。可是，我们怎么将二者综合起来，怎么把它们整合在一起？我们应该怎么把它们放到一起思考，从而让它们在现实中成为一体？在美国人民的精神中，这一综合或者整合在一起是被学习的，在联邦中被具体化。然而，面对沿着似乎难以弥合的偏见裂隙形成的政治断裂，什么是引导国家走向一个整体的有现实基础的真理？是不是政策、新的妥协、增补法律乃至法律修正案能以某种方式弥合裂隙？或者这是一个完全不同类型的存在、历史现象？在某种意义上，我们知道答案：它将带来一场激烈的内战，一场也许是不可避免的战争。但战争是这一现象的结果而不是根源。也许正是林肯他自己，这个人和他担任的角色，领导者和学习者，现身为存在现象。为了阐明这一想法，有一系列的观点可以提出来讨论。

1860 年 11 月，当林肯当选的新闻被用电报传递到南卡罗莱纳的代表大会，反应是即刻而必然的：在选举日他们开始了将导致 12 月 20 日分离的进程。如果其他三位候选人中的任何一位胜出，或者如果没有人获得多数选举人票——一个明显的可能性——这一后果极其严重的举动将不会发生——至少当时不会。为什么？有很多理由，以及上百种不同的历史解读，但获胜者的人格肯定是根本的原因。没有政策，因为林肯公开否认他有任何政策。对南方奴隶体制不会有威胁，因为当选总统已经许诺说他将尊重那些州的宪法。那么,南方各州不信任他?
南卡罗来纳州的选民比起伊利诺伊的选民更有先见之明?刚好
相反,南方各州的确相信他,北方选民也一样。说到底,他是
"诚实的艾伯"。他们相信他是忠诚的联邦主义者,他的诚实正
直在妥协时代是唯一的政治常数。这里存在巨大的反讽:那个
最欲求联邦的人是那个恰恰其出现即导致分裂的人。北方的反
战主义者自由地——明明白白地——选出了那个令战争不可避
免的人。北方各州意识到林肯的当选将加速分裂,而南方各州
知道,除非做出一些妥协,他将开战。双方都天真地以为,冲
突将会是短暂的。只有一些人像谢尔曼(Sherman)那样敏锐,
他认为未来的冲突将持续数年之久。正是学习美国本质的人点
燃了熊熊大火,不是通过做了什么,只是因为他的在场:他是
联邦的化身,联邦是令美国的实在成为美国真理的神圣理型。

　　十九世纪中叶美国的精神常常以"企业资本主义""开拓
边疆的硬汉""狂热追求独立""基督教"以及"粗糙的平等主
义政治"这样一些词汇来描绘。但是,还有其他更为高雅、更
有希望的方面。林肯和大多数美国人当时还不知道的一个安静、
庄重的艾默斯特(Amherst)年轻女子正在创作诗歌,其天才
和能量要等一个世纪后才会被接受和赞赏;更公开地被承认的,
霍桑已经写出了历来最好的小说之一,梅尔维尔(Melville)
正在打字机上敲出一部意义非凡的史诗。美国不再是欧洲那些
被剥夺了公民权的人的蛮荒、粗粝和与世隔绝的居留地。它的
精神正在产生着最高品质的艺术,尤其是在文学领域,完全使
用地道的美国话。很幸运地,她对四十年后肆虐欧洲的致命的
思辨意识形态似乎有一种免疫力,她的精神已经显现出对世界

的说服力。但是，这一精神不只是在政治和文艺方面改变着世界。还有棒球。这一奇特、很难看懂、富有吸引力的娱乐活动就像联邦制本身一样是美国式的；没有哪个游戏真的像它那样是团队合作与个人机会的综合，它是那么融休闲与刺激一体，深受游戏者与旁观者双方的喜爱。看看这个游戏是怎么玩的：一方面，令人眼花缭乱的双杀和牺牲性短打触击可以说是团队作业中的最高成就；但另一方面是与上位有关的规则：每个选手，总共有十八位，从最差的到最好的，从小个子到大块头，在整场比赛里至少有三次击球机会；整个比赛，在那一时刻，取决于他用造型精致的球棒干了什么。业余队里笨手笨脚的小孩，或是职业大联盟中能够投出没人能够击中的球的投球高手，每个人都有他的高光时刻，此时他是场上的核心和主导者。最小的孩子的盲目一挥，有可能撞上越过一垒手手套的球；全能的凯西（Casey）也可能击空。球棒漂亮的一击令场内外每一个人欣喜若狂，每个人都有机会让这样的事情发生：一棒在手，单个球员自己是个人技艺、运气以及了不起的荣耀的成就者。棒球正在变得非常流行，尤其是在南北双方阵营的年轻战士们中。这看上去是如此特别的美国的，与正在呈现的美国精神是如此一致。从狄金森到达伯岱[①]，我们作为一个民族表现出了某种团结精神。对林肯来说，这一精神被建立在可学习的真理的基础上；正是因为在真理中的这一基础，这个人，林肯，被南方相当正确地看作是一种很可能威胁他们的独特性的现象，正如在北方看来这是将令这一精神繁荣的现象，即使它意味着战争。

---

① 达伯岱（Abner Doubleday），美国棒球创立人。

可是，为什么政治联盟相信这一真理必定是可以被学习的？归根结底，北方有许多道德主义者（moralists）急于让南方退出联邦；奴隶制是如此邪恶，他们相信，没有奴隶制，残缺的联邦也会更好。林肯是反对这样的妥协的真理的学习者；我们的精神遗产揭示了不可让渡的权利的普遍真理，南方的奴隶和奴隶主仍然拥有这些权利；退出会对否定这些权利给予正式支持，但这些权利的真理仍然是不可否定的。进而言之，将民族分成两半的两个不同国家的形象预示着失败和羸弱，成为欧洲更大强权的牺牲品并且进一步四分五裂。在堪萨斯－内布拉斯加法令之后，南方迅速变成一个独立的、独特的群体；已经存在某种事实上虽然还不是法律上的退出，还有不祥的倾向和征兆。还没做什么事，单单是当选总统，作为学习者的林肯现象已经在塑造历史。

他的学习看起来是缓慢的。他也许已经注意到，黑人女性享有权利，因为作为人她能思想。但她是否也是公民？即使在内战后期，林肯仍然在考虑如何处理被解放的奴隶的问题。他考虑过将他们自愿地遣送到中美洲大陆,或者送回非洲。他们？直到他见到他们的领导者们尤其是弗里德里希·道格拉斯，他才意识到"他们"乃是"我们"的一部分；尽管他们被虐待，他们视自己为美国人。战争本身也起了作用：林肯一开始不得不让他的将军们在被占领区将奴隶作为走私货物一样对待——这是基于联邦中边境州令人不安的政策不情愿的延续。而后，这些黑人被允许加入军队：想象一下——穿着蓝军装的黑人扛着来复枪！再后来他们成为士官：黑人穿着袖子上有杠杠的军服；黑人发令！他们始终是我们的一部分——"我们人民"的一分子；但真理有待学习：他们不但是自由人，他们是美国人。

关于第一课堂令人印象深刻的是学习者学习的方式。两个文件是可学习的——启蒙意义上的"自明"——不只是作为可采纳的原则。宪法修正案的条款以及令《独立宣言》中的权利落实的真理的普适性，都吁请乃至要求与社会经验相结合的反思性思考。这是本源意义上的政府：学习统治和被统治意味着什么现在是政府本身的一部分。但是，林肯还得消受第二个课堂。

第二个课堂

考虑到内战期间作为总司令的林肯肩上的重大责任，给予他同情是一点也不困难的事。他就职的时候分裂已经开始，萨姆特要塞（Fort Sumpter）隐然是引发战事的火花。他手上没有真正的军队，都城面对进攻不堪一击，内阁处于危机状态。他得迅速行动，谨慎地，手腕老道地，明智地。与他的一些前任如华盛顿、杰克逊以及泰勒不同，他先前没有军事将领经验。他要在伟大铁匠即战争的纷杂熔炉中被锻造，并在决心的铁砧上遭受可怕伤亡的铁锤的捶打。

这里的诱惑是将战争的发展作为战时总统所需的战略、战术和特殊政治技巧的指导。作为战略家，他的政治技巧甚至让他当时和现在的大多数敌人都钦佩不已；但我们要探究的并不是这种实用智慧。在内战期间担任联邦总司令意味着什么？事实上，能够发动战争意味着什么？如果说第一课堂的四堂课可以植根于两份建国文件所播下的种子，那么在联合与分裂之间看似必要的纷争中，血腥与暴力的熏陶也可以汲取类似的教训。如果因令权利本身可能的可学习真理团结在一起是必须被考虑的，那保持联邦不因军队武力而受损的愿望同样必须被考虑。内战年月不应被视为是这个第二课堂的学习获得实践经验的优越条件。战争中的事件可以作为我们共同历史的一部分来解读；但真理不是来自转向实际卷入乃至引人瞩目的编年史，它只能在直面这些事件作为残酷但必须承受的被忍受意味着什么时才能被确立。在 1860 年之前，联邦的精神现实是不完整的。这种不完整不仅仅是奴隶制的存在造成的，尽管围绕奴隶制地位的政治斗争所造成的不和谐肯定是一种催化剂。这一不完整不如说存在于对特定牺牲的需要中，没有它，我们作为自己被联合起来意味着什么实际上是没法学习的。因为，这样一种联合并非仅仅通过诉诸原则而被赐予；实际上，即便是那些为独立献出自己生命的人们的高尚牺牲也不足以确立真理。历史记载中那些成百上千的战争已经告诉我们，一个民族用武装部队与另一个民族打仗意味着什么；历史上还有许多引人注目的内战，如 1640 年代的英格兰战争，它们向我们显示，一个民族内部的分歧严重到只有靠武装冲突才能解决意味着什么；但像这样的战争只有这一场——而为什么是这样是一个我们必须去学习的真理，正如林肯也得要学习。美国内战的独特性在于其为学习之源，这要求它被视为揭示了具体化在存在个体性中的普遍真理。为让这一真理显现，一个区分为六个重要的存在性段落的简明框架可以提供指南：（1）从 1861 年 4 月 12 日萨姆特要塞到 7 月 21 号的布尔溪或马纳塞斯（Bull Run or Manassas）；（2）1862 年从布尔溪（Bull Run）到夏伊洛（Shiloh）；（3）

82

于思之际，何所发生

1862 年 9 月 17 日从夏伊洛到安提塔姆（Antietam）；①（4）1863 年 7 月 4 日，从这些到葛底斯堡和维克斯堡（Gettysburg and Vicksburg）；（5）从这些胜利到次年 6 月 3 日恐怖的冷港（Cold Harbor）；直到（6）最后 1865 年 4 月 9 日的阿波马托克斯。②葛底斯堡—维克斯堡的胜利标志着这场冲突的高潮、中心和转折点，至此叛军的失败已经明显，但历时两年漫长和难看的收官，被围剿一方纯粹的消耗战，似乎毫无道理地不可避免。即便我们只是在书上阅读这场战争也能感觉到其重负：我们再也不要这样。

　　1. 引人瞩目的是，南北双方包括林肯在内，有多少人以为萨姆特要塞博勒加德的炮击将会至多是一场六个月的冲突。布尔溪—马纳萨斯溃败粉碎了这一天真的想法，但残酷的觉醒并没有让总统总是能在羞愧之外看到别的东西：没错，他的绿军需要更好的训练和纪律，但他们不是胆小鬼，也并不是所有的指挥官都缺乏指挥才能。现在我们看得很清楚，战争将会是旷日持久的，因为它预示着将会是一场扩大的冲突，一个由改善了的指挥结构保证的长期战略是绝对必要的。正是指挥与战略这两个要素沉重地压在林肯身上，是他必须学习的课程。司令

---

　　① 1862 年 9 月 17 日，在美国马里兰州北部安提塔姆发生的内战中以至于美国历史上日伤亡最大的战役。北军麦克莱伦指挥的 9 万部队击退了南方联邦将军罗伯特·李的 4.5 万名军队向华盛顿的突进。这场战役之后，诞生了林肯的废奴宣言。

　　② 阿波马托克斯是美国弗吉尼亚州中南部城镇，位于林奇伯格东部。1865 年 4 月 9 日罗伯特·李在阿波马托克斯县城向联邦军尤利西斯·格兰特将军投降，美国南北战争就此结束。

的职责是他的：他当时是总司令。为了明智地履行职责，他对此是怎么想的？今天我们对总统指挥官的角色习以为常；他似乎有三重职责：任命展开战争的最佳人选，运用政府的权力全力支持他们，以及在政治和军事层面上提出整体战略。人们想起罗斯福在整个二战期间有幸有马歇尔，或是威尔逊在一战时始终可以信任潘兴将军。可是，对林肯来说，战略与掌军之将都没有着落，原因是冲突首先已然发生：现实令人迷茫。也许因为林肯已经读过克劳塞维茨，因此，他本身对相关理论和战略的整体把握无论如何都是相当不错的；有时这段历史的读者会感觉只有总统自己把握到了本质：令人吃惊的是，他没能让他的军事将领理解此事的简单逻辑，正如他在战前没能令政客们信服美国的本质。正是林肯从战争一开始就意识到其他人似乎错失或只是十分模糊地把握到的东西：这场战争只能是富于攻击性的、残酷的和破坏性的。他看到，要紧的是联邦军队，而不是里士满（Richmond）[①]或任何其他城市，以及指挥员们应该战斗，而不是巧妙地避开冲突；封锁是关键，因而密西西比河很重要；联邦军队可以在一场战斗——事实上是很多场战斗——中失利而不会输掉整场战争；但他们会因为避开打不赢的战斗而输掉战争；由于联邦军所需要的只是留在战场上，挑衅是必要的；攻击的需要意味着更高的伤亡风险；新技术将导致更大的残酷，而他们必须承受。他知道所有这些；但他身边的政治和军事领导人却没法理解，或者不愿意接受。然而，作为总司令，他的责任是强行实施这样的战略：只有他有合法的

83

----

① 里士满是弗吉尼亚州首府，是美国内战期间美联邦的首都。

权威。他是手腕高明的政治家，可是，为什么他明知这一基本战略的有效性，却没能更早一些实施它？他必须学习他已经知道的东西。学习的一部分是关于他自己的：在他所知道的恰当战略成为现实之前，他得学习当总司令。应该抵制的诱惑是将此仅仅看成是由理论到实践的转换的问题；我们不应通过指出，林肯知道相关战略理论，他的问题出在实施上，而降低这一学习的重要性。问题不只是总统得要克服对他计划的抵制，而是在经受这样做的折磨中，他对自己已然知道的事情的意义的学习。他不只是变得更能干，而是在哲学的意义上更睿智。

2. 尽管艰难，联邦军在布尔溪战役中大有斩获，南方军对他们自己战无不胜的想象大为动摇。夏伊洛之战对双方都是个震动：对北方来说，这是勉强取胜但第一场决定性的主要战役；它展示了格兰特（Grant）和谢尔曼（Sherman）[①]的特殊品质；它指出，西部有与弗吉尼亚优越的产业同等甚至更大的重要性；以及——在血腥性方面它是可怕的。林肯从夏伊洛之战发现了所有的最残酷的需要：大规模的伤亡，以及承受它的需要。这一智慧头一次是作为政治—军事的领悟：基于林肯所说的"算术"，北方会赢。作为纯粹的战略性原则，你可以看到两个沉默的事实：进攻方总是需要更多的兵力，并且通常有更大的伤亡，除非是在一场速战速决的攻击中，后者日后被称为闪电战。北方有更多兵员，以及更强的工业基础，因而，他们进攻的需要是可行的；这样的"算术"将导致联邦方胜利，即便南方有幸拥有更有才华的战术家。但在单纯战略之外还有更多要问的：遭受巨大

---

① 这两位分别是林肯在南北战争东西两线所倚重的军事将领。

的伤亡意味着什么？什么样的魔术、计策或坦诚相见，能让缅因州或威斯康星州的母亲们将她们亲爱的、脆弱的孩子送进前景暗淡、野蛮消耗的贪婪深渊，并将他们变成杀手？说实在的，林肯自己如何能承受它？他们做到了，他做到了；夏伊洛确立了那个真理：这是让我们学会我们作为自己意味着什么的真理。

3. 然而，从夏伊洛到安提塔姆，令总司令备受煎熬的不 84 是忍受伤亡，而是缺乏让"算术"奏效所必需的攻击精神，这在麦克莱伦将军（George McClellan）的犹豫中具体体现出来。第一次布尔溪战役之后，任何人都明白联邦军须加强纪律与训练，麦克莱伦明确地做到了这一点。可是，虽做到了这一点，胜利却没落在他的精锐部队头上。对这段历史的读者来说，麦克莱伦几乎是犯罪地不愿接敌作战，令人愤怒；这对林肯是存在性的震怒。在下部队的时候，林肯看到威猛的东道主，并以震惊的语气说这是麦克莱伦的贴身警卫。作为总司令，难道林肯自己不要对此不作为承担部分责任？因为只有他有任命权，他意识到自己是有部分责任的；而他更深刻地意识到的是，他在学习如何当总司令。他在这方面见识上的滞后跟麦克莱伦的拖延是同样致命的。他在战事的微观管理方面的尝试被证明是差劲的。讽刺的是，是安提塔姆战役让他可以做两件事：解除麦克莱伦的职务，签署黑奴解放宣言。一眼看去，这两个动作都没什么作用，替换麦克莱伦的波普（Pope）、伯恩赛德（Burnside）以及胡克（Hooker）如果不是更糟也是一样糟，直到米德（Meade）接手；黑奴解放宣言看上去是空洞的，因为事实上它没有给一个奴隶自由。宣言的签署是建立在很容易被揭穿的安提塔姆是个胜仗的伪装上，麦克莱伦被解职则是建立在安提塔姆是个失败的廉价掩饰上。然而，签署与解职在残酷的教育方面标志着一个转折：林肯正在通过不可抗拒的悖论学习他已经知道的东西，并且这种悖论的含义是丰富的。困境中可怕的伤亡在痛苦中被展现，但战士们与国家继续坚持流血的意志是一种更新的痛。问题不是他们能忍受多久，问题是理解忍受本身的意义。这是"目标"吗？宣言的签署通常被历史学家们解读为目标本身是变化的，从联邦主义到解放；虽然林肯本人意识到，其中第一个蕴含第二个。然而，这一目标本身似乎并不充分；但是，不论多高尚的目标都不能提供教他关于自己的学习的真理的指导。

4．从维克斯堡到葛底斯堡的成双胜利不但改变了军事图景，同时也改变了政治图景。南方军将军李犯了个可怕的错误，而米德高明地利用了这一点；但重要的是格兰特的胜仗，因为它揭示了即将到来的战争的真正本质与终极胜利：只有通过坚强、强韧和艰苦的坚持和决心才能找出这位牢靠的卫士。新的战争不是通过漂亮的战术赢得的，而是通过无情的、战略性的消耗。时间、伤亡以及挫败简直不能被允许认为是重要的。南部联邦现在已经永久分裂了，密西西比"无阻地"通畅流动，谢尔曼和格兰特庞大的军队从西到东，他们巨大的体量只可能被迟滞，不可能被阻挡。在这一转换的某处，林肯学着当总司令，不是通过胜利，而是通过使他们可能的东西。他学习坚忍的真正意义，对伤亡，以及更为严酷的战事的暴力的接受。不是目的的合法性证成牺牲，而是牺牲本身令战争崇高。这个字词根上的起源是 *sacra-facere*：令其光荣；光荣青年的勇敢、痛苦、热血、毁灭，以及命令与服从的苦恼带来的继续的绝对命令；

因为那些逝者，虽然现在已经静默，已然呼唤他们的血不应该白流。总统有可能公开这样说吗？他们的牺牲要求我们的牺牲：不是我们，而是他们荣耀了这片土地？这不仅是一个演说①，它是对转变性的真理的学习。

在胜利中，林肯又一次看到，不过是在更深的层次上，能牺牲尚不足以为勇士；更艰难的是学会杀人。在战时承担杀死另一个人的重大责任不单单是一个道德合理性的问题；它要求一种深刻的意识，即我们是谁是重要的，因此要辨识出"他们"，那些危及令我们之为我们的体制的人必须被打败。战士必须发展出对要害的凶猛天性，对敌人弱点的感觉，以及打击和毁灭的生猛力量。将这些天性灌输到地面作战部队中是那些教官要干的事，这些默默无闻的士官跟军队中的其他人一样重要；但是，将这种野蛮的冲动作为超级勇士的性格的一部分接受下来也许是所有课程中最艰难的。它看上去是那么没道理：因为爱而成为杀人者，不但是对属于我们的东西之爱，也是对战胜的爱，对成功本身的爱，对和平的爱，但最终，对作为个体与人类的我们自己的爱。正是因为作为一名战士的这一成就，总统才能够在葛底斯堡演说中分享这意味着什么的真理。

5. 冷港之战甚至让尤利西斯·格兰特吃惊。这不仅是因为快速增加的伤亡，而是发生在这些孩子们身上的事：他们在军装上别着写有自己姓名的纸条，如此确定的是他们不会看到另一个黎明。这一图景中有两件事令我们震惊：在劫难逃的士兵们命运严酷暗淡，然而他们仍然执行自己可怕的任务，以及新

---

① 指葛底斯堡演说，"牺牲""荣耀"等词皆出自该演说。

的指挥员质直严厉的决心。有些历史学家认为格兰特简直就是个屠夫，为了战术动作的需要，不动声色地把他的士兵当作炮灰送进代价高昂的争战。这个人的名字是关于特洛伊之战的荷马史诗中一个伟大英雄的名字，他具有纯粹顽强的坚持，坚守多纳桑（Donelson）、夏伊洛、维克斯堡以及查塔努加（Chattanooga）；在所有这些重要的战斗中他是个胜利者，但这个人的办法似乎是最糟、最野蛮的，往好里说也是呆笨的。正是这个似乎无情、冷酷、粗野以及冷漠的西部人，林肯在历史上前所未有的一个法令中给了他最大的指挥权。政府，包括战争部长以及总司令自己把所有权力交给了格兰特：他们甚至不过问格兰特要做什么；他们简直就是给这个战争之王为了取胜所需要的一切。葛底斯堡之后我们看到一个全新的林肯：他不再只是联邦主义者或解放者，甚至不再是指挥员背后的力量；他成了征服者。不论要用多长时间，他必须打败敌人；愿意以这种方式战斗的三个将军，谢里丹（Sheridan）、谢尔曼和格兰特，是三只被放出的战争之犬。这么做不漂亮。格兰特本人承认冷港之战是个可怕的错误。然而，在某种意义上，这是不可避免的。胜利者李为之战栗；不只是因为屠杀，而是因为它是个征兆：没有什么能够阻挡这个人。关于新的联邦司令能咽下在那么多战场上的失利，继续向对粉碎南方联邦至关重要的里士满以及关键铁道线不可阻挡的推进的能力，这里有些东西几乎可以说是反人道的。经常被忽略的是，格兰特是林肯在军事上的另一个自我。总统最终找到了一个把握了这场战争本质的人：如果叛乱不被彻底埋葬，牺牲将会是错误的付出。民治、民有、民享的国家"将不会从这个地球上消失"。这一可能性——它有时候显得几乎不可避免——转变了林肯：确保国家不至于消亡是最高问题；它已经变成神圣的需要。冷港之战是恐怖的。这个人已经变成了宿命论的麻木不仁者，而葛底斯堡演说揭示了真理：我们作为一个国家必须生存下来。

6. 场景从里士满封锁中的格兰特转向乔治亚州的谢尔曼，以及在更小程度上转向在峡谷的谢里丹。新的战事正变成什么？有美国大地的蹂躏，平民财产的毁损，以及并无明显军事价值的广泛扩散的破坏。战争是惩罚性的，意在杀死退让精神，而不只是征服敌人。然而，这是一场以一种怪异的方式揭示战争本质的战争。任何想要让战争成为礼貌与得体行动的做法都必须被清除：它终归是战争，高尚和君子似的李将军在冷港屠杀年青的士兵。如果说谢尔曼在佐治亚以及格兰特在弗吉尼亚的残暴行为以新的战争的恐怖让我们震惊，这些冷血屠夫在和平时期餐桌上的大度与优雅也同样令我们震撼。很少有一个和平比在阿波马托克斯郡（Appomattox）①达成的这个更为宽大、更治愈、更高尚。毁灭性与消耗性的新的原始战争成为新的和平之父：重新欢迎回头浪子。他们的财产被归还，他们作为州的地位最终得以重新确立，他们步履沉重地回到他们的农场时带着自己的马匹和来复枪。表面看来似乎这场战争与和平完全是服务于目标，联邦的目标，这一目标如此崇高地呈现在葛底斯堡演说中。也许。但"目标"这个词会是不恰当的；因为还存在其他的一些目标。真理，或本质，将会是更好的词：作为美国人意味着什么的真理是我们所学到的东西，而没有谁比总统

87

----

① 1865 年 4 月 9 号，南方军在此投降，美国内战至此结束。

本人理解得更深刻。

    林肯在两个课堂上学到的他前此已然知道的东西：那就是，在第一个课堂上，两份文件已然写就且为大多数美国人所熟悉；在第二个课堂上，克劳塞维茨的战争原则以及林肯对"算术"的把握在布尔溪之战前已然在那；然而，当战略成为新战争胜利的指导，它们揭示其自身为令葛底斯堡演说成为可能的真理。以这一方式，我们学习我们已然学会的。这只是重复吗？这是否是回头聆听柏拉图在《美诺篇》中关于知识是回忆的说法？或者这就像一个年青音乐家在学会拉小提琴之前首先学习使用琴弓，然后学习乐器上的按弦点？又或者是关键的悖论？为了学什么我首先必须知道，而不是学是为了知道。也许所有这些说法都是对的。然而，不论我们的说法是什么，很清楚的是，第二个学习跟第一个不一样。如果我们美国人已经知道我们在战争中学到了什么，那么，被转变的不是我们所知的，而是有知者变成了谁。不论我们如何认知它，通过对林肯作为学习者的反思，看起来清楚的是，在任何"第二次学习"中的"新"都是作为真的实在。为了这一探究本身，目前这章不能从这一探究的语境中被拿出：我们问，可能学已经学到的东西吗？林肯可以被看作是一个由他已经知道的东西中懂得自己的学习的人，虽然第二个学习的真理是学习者的转变。

    关于战争课程的简要反思令我们可以提出以下看法：如果华盛顿、杰弗逊、汉密尔顿等人是建国之父，林肯与他的同僚则是转变之子，他们以此一形而上学的转变，正如总统在逝者墓前所说的那样，让自由获得新生；我们作为一个国家，作为一国之民，被转变了。

七　学生

　　不知情的人莽撞地选了门"形而上学"的本科课程。他也⁸⁹
许是被这个名称吸引了，因为它听上去有点神秘和深奥；他很
可能之前见过这个词，模模糊糊知道点它的主题。从文本上看，
它看上去就像各种理论的研究，跟他在政治科学中学过的政府
理论，他的科学课程中关于光的理论或考虑宇宙起源的理论没
什么不同。这一印象在最初几堂课中得到了加强，在这些课里
各种理论被界定和解释：亚里士多德、笛卡尔、康德、卢梭——
任务看起来是了解这些人怎样解释世界和我们自己。这里有某
种被反驳或支持的论证，就像在科学或艺术史、经济学里一样。
但是，假如他足够聪明和敏锐，他就会注意到这里应该有一个
不同。我思故我在。未经省思的生活不值得过。存在就是被感
知。存在不是一个实体。空间与时间是感知形式。这支粉笔是
白色的也许是真的，但这支粉笔占据空间必定是真的。偶然与
必然是不同类别的必然性。这不只是各种"说法"、意见或理论：
它们对作为思想者的我们有特别的相关性和重要性。强调理性
让事情看上去仿佛哲学接近于科学或数学；但他们的推理变成

133

我们的推理，我们自己也卷入了相互竞争的思考与感觉方式的张力之中，这一突出的印象让这门课程更像诗歌或戏剧，其中，我们对无望的奥赛罗或被命定的朱丽叶及其折磨人的爱有高度的个体认同。我们不是说因为笛卡尔思考，所以他存在；我们说：我思考，因此我必定存在。

当我们还是小孩的时候，我们在学校被教导说世界是由叫作原子的微小实体构成的。当我们长大和学习时，我们问：那原子本身是由什么构成的？我们听那些人说，这样的切分是无穷的：我们被告知，没有理由说为什么任何层次上最小的东西本身不能被进一步切分。这说得通。或许也可以问这说得通吗？毫不怀疑的本科生被要求学习康德论述二律背反的章节，他在那读到，关于必定存在终极粒子和将粒子分割为更小部分的操作没有止境的断言都是假的。两个断言怎么可能都是假的？报纸上展示了一张较数年前所发现的更小的新发现粒子的图片。无疑如果它能被电子显微镜再现，我可以看到它的放大图像，它难道不也一定是由更小的东西构成的吗？是的，当然；但我们得以这样说正是因为这个粒子在某种意义上是被感知到的，声称在被感知之上必定存在进一步的分割不是建立在可证实的任何事情基础上，只是纯粹的思辨。关于反对对某一官能或某种思维方式的误用的警告实际上不再是关于任何特定事情的；它是关于我们自己的认知能力从而我们自身的实在的。这里说的完全不是自然或对自然的研究，因为揭示我们的认知能力的不是自然。

这个学生读了其他的文本。幸福本身现在似乎是个问题。自由也许让我们不那么幸福；我们会为了前者而拒绝后者吗？

由此而来的还有另一个担心：一种愚笨的满足的人生乃至药物引发的平静不管怎么说似乎是没有价值的。但自由也许是一个过高的代价。然而，无论是不是这样，意识到是我们在考虑这些事，不仅是作为一种意见的权衡，而是作为一种学习真理的资源来考虑，没有什么比这对我们有更大的触动了。真理为什么重要？如果我可以要一种建立在谎言上的相当快意和满足的生活，或者一种充满惊奇与愤怒地寻求难以琢磨的真理的生活，我不该选择……好吧，我们会选择哪一种？

这些肯定是深沉和麻烦的事；也许那个年轻学生获得了提升或至少因这些而兴奋。但在别的地方没法找到它们吗？伟大的诗人、戏剧家、神学家甚至社会理论家没提供这样的东西？阅读小说家陀思妥耶夫斯基同样能让你触及这样的深刻性；弥尔顿的史诗也许能比莱布尼茨更内在地教给我们自由与邪恶，关于爱，莎士比亚的十四行诗会比柏拉图的《会饮篇》告诉我们更多的东西。在驱逐差劲的宇宙学方面，现代宇宙学肯定比康德的宇宙论批判做得更多。因此我们会承认，虽然关于形而上学的课程是有价值的，但却不是唯一的。这里完全不存在这样的暗示，形而上学这门课能提供以任何其他方式无法提供的东西。考虑到全球人口的巨大规模，报名参加形而上学课程的人数微乎其微，宣称只有它给出终极与转变性的特殊智慧难道不是最严重的自大？

然而，不清楚的是诗人、小说家、剧作家是否给出形而上学研究所提供的东西。学生注意到一个独特的事实，图书馆里有许多被理智和博学的人认真阅读的特定的书；这些书是关于形而上学的。这个事实需要解释。为什么许多深刻的非哲学家

91

以及哲学家或学生会读这些书？也许他们都上当了；但我们悬搁对这一说法本身的一般判断，只是把它当作一种保证，让我们意识到那些可能性极低的抽象可能性。的确，这种随意的怀疑论最常由哲学家们自己弄出来。重点仍然是，在许多领域里非常睿智的人们的确阅读关于形而上学的著作。这些著作为许多在不同领域做出了巨大贡献的人所阅读，这些领域跟哲学家所考虑的似乎相交集或至少存在共鸣。梅尔维尔受到康德的深刻影响，托马斯·曼和理查德·瓦格纳受到叔本华的影响，伏尔泰写《老实人》反对莱布尼茨；神学家奥古斯丁受到亚里士多德的巨大影响。然而，形而上学作为哲学的一个门类考虑的不是影响问题。在课堂上或研讨班里出现的一些事是不能完全归结为任何别的事情的：它是独有的。如果老师多少是靠谱的，就不只是摆出那些命题或理论，它们作为关于实在的各种论理方式（ways of reasoning）[①]被给出。我们首先可以通过追随那些睿智的前辈学习怎么做；但就我们对这样的真理的反思而言，我们自己的论理以及我们自身批判与确证的能力成了独立于文本的。应该有一个要求专门训练的专门的学科，在这个学科中，这种批判性论理与我们提出关于存在意义本身的深刻问题的能力结合在一起，这可能是有道理的，因为这样的思考既是困难的又是有意义的。因为它是困难的，我们需要有哲学史的悠久传统，以及专家帮助我们解读它们；因为它是有意义的，我们

[①] reasoning 的基本含义有"推理"与"论证"，前者偏向于逻辑。这里译作"论理"，试图反映该词在作者思想中所有的类似陈嘉映《说理》（Dianoesis）的某种更宽广的义涵。

需要发展我们自己思考与质疑的能力。于是，就此发展出一个有其自身地位的学科似乎并非是完全不可辩护的。然而，如果它的确有自己的地位，也许尽管陀思妥耶夫斯基和弥尔顿在展示如何思考和感受自由与邪恶方面是极有价值的，但他们没有达到关于其形上意义的哲学探讨的同样层次。在什么意义上一门关于形而上学的系统课程提供那独特的东西？

　　老师在学期初指出了大家所学习的探究是终极的：这里不需要预设更高的学科。诸如根本的、基础的、第一阶的以及奠基性的这样的字眼也被用于指示形而上学源始的自足性；类似的，像笛卡尔将形而上学形象描述为树根，各门其他学科是其枝桠，亦有助理解。关于终极性的宣称本身成了一个批判性的工具：如果一个被声明的形而上学解说表现为只是遵循在其他学科那已经知道的东西，其在精英俱乐部的会员资格就被取消了。但是，那根本性的东西不只是一个思考者会做出的某些判断；相反，整个进路的特定方法论与批判性程序必须这样设计和理解，以便为终极性提供有保证的合理性辩护。学生会注意到，大多数形而上学家在他们的方法上所付出的辛劳几乎和他们在其教义上付出的一样多。不论这事干得有多好或多糟，形而上学原则上源始地发问，而不是跟在其他问题后边，虽然这一源始性不是时间性的，而是理型的（formal）。

　　为了令之成为根本性的，需要有对根本性的论说。然而，反对已经确立了的立场似乎比支持和导向那些对质疑态度漫不经心的立场更容易，更有说服力。任何一般化的命题只需要一个反例就被否定：宣称所有人都能思考不是因一个昏迷的人或者因神经创伤而严重残障的人而无效？一只患白化病的乌鸦颠

92

覆所有乌鸦都是黑的的说法。关于所有实在之物的系统言说是极容易被攻击的，因为面对批评，这样的说法似乎必须回避"所有"一词的范围问题。然而，质疑性批评的这种表面上的优越性是有误导性的。形而上学的终极性不依赖于任一特定解说的成功；的确有些批评经常可以被看作是完善而非拒否——即便一个批评的合理性是可保证的，那也是种前进。我们不想让虚假的立场误导自己。

给予形而上学探究以魅力的不仅是终极性，还有权威性。这一权威性经常似乎完全依赖于理性的批判。学生也许会认为，一个已然确立的宗教或流行的意识形态在一定程度上值得尊重甚至有一定的说服力，因为宗教和意识形态可能具有内在一致性，并且带给我们的迷惑状态以行为与评判方面所需的特定指导。而哲学的批判、辩证程序能够让我们走进根本性问题，这是不论宗教还是意识形态都不提供的。学生可以继续相信他的宗教或意识形态，这没有问题，只要他肯认对真理的探索与对某一真理的信仰是不同的就足够了。经过思考，那最初看上去令人烦恼甚至失望的地方——哲学看起来没有解决真正大的问题而只是加剧问题——会有一种区别于任何其他学说的魅力。

批判与论证的确多少给形而上学探索以权威性；但逻辑证明本身既不能解释我们对实在的理解，也不能解释形而上学思考的权威性。当然，演绎证明不可能是终极的，因为这些证明要求前提，而它们的根源在单纯的推理规则之外。即便我们加上归纳，或者对丰富多彩、自我省思的生命的更广泛体验，仅仅遵循要求规律、原理或分析准则的任何程序，也不可能同时是终极的和权威的。本科生会相当早就感觉到这一点；他自身的实在不只是他探究的对象，也是其来源。那么，归根到底，形而上学权威的基础不是对规整程式的运用，而是它们在作为沉思的我们的自身实在中的来源。不是编制程式甚至程式本身，而是我们作为编制程式的人，这赋予形而上学以权威。然而，少许反思就会表明，我们不仅仅是自身思考的立法者，我们还是根本的问题或我们的论理的主题，这一领悟迫使我们意识到，我们在无数方式上将自己作为麻烦（problems）或者更准确地说作为疑难（questions）呈现给自己。关于我们自身论理本性的发现因而只是我们的权威性的一部分，因为作为权威，我们责备和赞许、谴责和确认、欣喜和懊恼。方法与推论的程式的确也许至多是初步的；即便是关于我们本身能编制程式的意识也不像关于我们需要这样做的领会那么根本。我们的问题变成我们的权威——这部分是因为我们有问题，所以我们才需要思考——但我们不能由此说形而上学因而是问题的解决。如果在"问题"（problem）这个词中我们确乎意味的是原则上可以被解决的麻烦，那这个词将会是一个困惑；因而更倾向的会是可选的第二个词，"发问"（questioning）。部分是因为我们发问，我们成了值得问的（questionworth）。这也被加到形而上学的权威性中。

那么，魅力何在？如果说问题解决在发现解决实践或理论难题的方法的意义上不是首要的目标，那么，我们为什么卷入这样一种费劲而巨大的努力中？真理依定义不总是完结吗？为什么探索那找不到的东西？这样问要上当：我们的确有很多发现；通过哲学探索我们事实上的确知道了一些特定的事情——

但这些发现总是对更广泛与更深刻的反思的打开；新的悖论浮现，不是因为我们的探索让我们发昏，而是因为它让我们更聪慧。魅力本身因而微妙但深刻地改变：我们寻求变得更睿智——这是真理导向的德性——而不仅仅是认识。我们寻求被转变。但怎么转变？

期中论文已经布置了。学生在自己的论文上吃惊地发现有那么多的批评意见，于是找老师讨论。他的问题并非事实性的错误；也不是违反逻辑，被指出的是论点之间的相互关系，它们必须基于问题的本质结合起来。笛卡尔以我们自身认识的不同为基础对身体与心灵的区分的意思是什么：由于感知与思想不同，身体必定与心灵不同。他的分析必须被挑战，当然，但其处理手法本身值得我们反思：我们真的知道感知不是理解吗？如果是这样，为什么必须以这一知识论上的差别作为形而上学差别的根据？即便笛卡尔错了，导致其错误的理由必定有它的地位；如果笛卡尔的主张是可以被辩护的，这些理由也有其特殊的品质。我们如何像这样思考问题？当我们在形而上学课程上学习对这样的根本真理进行批判性的评价时，发生在我们身上的是什么？

作为思考者，所有人都能够反思作为实在的他们自身。但并非所有的人都这样做；对那些这样做的人，并非全部都依权威性和终极性而行。一旦这样做了，去这样做的能力不是抽象可能性，而是基于实际性的可能性。由抽象可能性基础到我们自身实在中的可能性基础的本体论转换带来形而上学转变，在此，关于作为实在的意味着什么的真理取代了关于如何呈现实在的建构。这一转换只发生在哲学课中吗？不，肯定不是；但一门课程的结构可能是一个被忽略却有价值的模式，因为在课堂中，来自文本（已然将我们置于形而上学世界）的权威（在老师那）与学习（在学生那）提供了一个实际可观察的现象，它向作为真从而终极的分析开放。由以对他的期中论文的批评武装起来，学生现在已经被布置了期末论文。当他与形而上学论题斗争的时候，他自己关于自身作为实在的反思扮演了一个更新的角色；比起文献来他是中心，即便他对文本的把握已经是他自己变成中心的资源。他在"做"形而上学。我们说"做"历史而不是"造就"历史，以此区别造就历史的罗马皇帝与做历史学问的塔西佗。然而，即使是这样的区分也是有问题的，因为吉本通过做历史也许在某种程度上也造就历史，因为他关于罗马帝国衰亡的著作对十八和十九世纪有如此有力的影响。然而，和历史不同，"做"哲学也总是"造就"哲学。这个本科生发现这一点：他关于实在的思考实质上就是在造就不一样的实在：这是转变，正如面对害怕将害怕转变为勇敢。

写一篇学期论文是在做形而上学吗？可以是。论文的结构本身要求学生确立问题，显示内在于其中似乎存在的悖论，指出他所读的作者们的贡献，对他们进行批判性的评价，然后写出概括性的结论。也许他还会把自己的分析包括在内。这一看上去老套的步骤是非常有用的，因为它提供了一个不只是呈示并且是发现的方式。在这样做的过程中，他就是在制造它。遵循这种学术形式实际上给他提供了一个将模糊与杂乱的见解变成可辩护的，从而有启发的发现的方式。但更重要的是，他实际上的操作改变了他之所是，因为他已经以某种程度的权威性直面了他自身之实，并且因为被追问的正是他个人的实在性，这是终极性的。不能保证这个学生会持续以这种方式去学习，也不是说他的成就将比肩那些伟大与恒久的著述；只要承认这一点就足够了，通过他对成为实在的意味着什么的考察，他自身之实已从此被改变了，因为做了这个，他知道了这不是抽象地而是具体地可能的。这一转变与天真的丧失并无二致——这一主题将在下一章进一步讨论——并因此配得上被称为转变。所有这一切仅仅因为一个学生写了篇关于形而上学的学期论文？学术设置提供了令这成为可能但并非必然的模式。不过我们必须问：假定这个学生的确已经在一个终极和权威的方式中一瞥其自身之实，他的这一转变的本质是什么？

有些宗教对话被刻画为个人转变或成圣式的，因此皈依者将他自己说成是一个新人。对此不必怀疑或不屑：我们可以看到，转变之后他的生命与此前是完全不同的，或者可以说是改善了的。他感受到了深沉的喜悦，觉得被拯救或者被救赎了，他的行止现在更宽厚、更正派、更充满激情。这些变化是如此深远，他觉得不能不将之归诸外来的影响，这种影响通常是神性的；因此他将之视为馈赠或恩赐。然而，是他做出了信仰上的一跃，是他拥抱了新的宗教精神。否认他的被转变将会是粗暴的，而这一转变是否是形而上学性的却不那么清楚。他的转变肯定是心理性的；情感在其中似乎起了比思想更大的作用，并且，和哲学学习者不同，并不存在关于转变本身的普遍性主张，虽然转变者肯定会坚持他获得的东西是普遍地真的。但就皈依者的转变是如此有力和严肃而言，它本身不必然是由于研究哲学造成的。我们知道，形而上学上的转变只能通过形而上学本身而获得。意识到形而上学思考并不限定在大学课堂里，这一说法的大胆甚至傲慢可能会稍稍减轻。但即使是承认这一点，一种好似被冒犯了的观众的愤怒也已翻腾，马上就要——虽然尚未付诸实施——变为嘘声和扔向台上的番茄。对表演扔番茄是否是恰当的惩罚，取决于表演的大胆是否与剧本的有效性相匹配。假设有人对教这样的课的老师的听课学生做个民调，很可能大多数人都会否认形而上学真理只能通过形而上学获得。但是，如果进一步问同样这些学生，对形而上学的学习是否包括对形而上学是什么的探究，大多数人会同意。认为形而上学转变可以在不做形而上学的情况下发生是什么意思？假如这是可能的，我们就得视外部性为我们自身实在之锚。我们之为实在的外部性于是可以被理解为在时空中发生的事件，与自然现象没有质的不同。但自然现象是通过建构被认作可思议的；它们不是直接被看作是我们自身的实在。但反过来也是真的：形而上学实践（to make）也是做（to do）形而上学。思考我自身的实在意味着我之为实是可以被思考的，而且这样的聚焦或揭露必定改变实在：这是形上实在（我）的转变，它是由作为探究者以及作为被探究者意味着什么引起的。

　　这个学生在课堂上造成和发现的形而上学转变可以与特定的激情相伴随，正如在宗教皈依中导致的改变。一些学生的确因他们的发现而兴奋，并且甚至会表达这种情感，声言他们的生命被改变了（通常是往好变）。这一激情的本质在关于惊奇的章节中已经被省思过。但并不是情感揭示了学习的本质。通常激情因素较之皈依者的因素没那么骤然，它的发展经历一个更长的时期并通常更微妙，虽然并不是力道更弱。这里有些得益于情感的地方：学习者会发现他自己更自信，一种自豪或自我

96

价值感会来自他有力量做他所做的事的意识。他会在纯粹的高尚与事业的崇高性中感到喜悦。然而，同样还有一些消极的激情：焦虑会增加，由于意识到几乎没有人关心他所关心的东西而产生的孤独感，以及由怀疑的不确定带来的困扰。然而，这些变化是心理上的；尽管它们不能或至少不应该被否定，但对它们的思考有可能将形而上学的行为简化为现象；事实上，情感主义总是潜藏在这场哲学戏剧的侧厅中。这说到底是不是这样的意思：我们中的一些人喜欢做被叫作哲学的东西，而这一喜好就是对其终极合法性的辩护？相对来说，很少有思想家做出这种充满居高临下优越感的分析，但这并不能阻止检察官在案情摘要中提出起诉；我们需要记住的只是控告有待庭审与判决。然而，既然那些激情是有危险的，到底为什么还要提及它们？即使提及它们不会造成伤害，就合理的、形而上学的批判而言，它们不是转移话题吗？

在几乎每一个哲学年代中，我们中的形式主义者往往强烈反对情感或者所谓的"感觉"。由于我们有可能被我们的情感欺骗，看起来我们不应该依赖它们。例如，我们也许真的相信我们爱我们的父亲，但一个心理治疗师可以显示给我们看，我们以为是爱的东西"实际上"是害怕。年轻人经常混淆情欲与爱，罪犯会假装诚实以至真的相信他自己的谎言，种族主义者会拒绝接受被仇恨者的成就，善感者可能混淆罪恶与羞耻；自尊实际上可能掩盖了自我厌恶。由于在情感方面大量的自欺，它们被正确地视为对任何实际的既有的状况来说是不可靠的。但这一认知上的不准确不是完全任性的。如果我害怕，你不能让我相信实际上我不是怕而是饿了；即使我们在自我评价上可能会被误导，这样的错误跟友谊方面的嫉妒、贪婪方面的快乐或厌恶方面的高兴不一样。心理治疗师可以向我们展示我们的自欺，但这种展示本身告诉我们的是，我们的第一个评价是假的而第二个是真的。在这一意义上，感情与外部感知没有区别：我在沙漠中也许看到水，但这是幻影。有核实的技术可以帮助我们信靠感觉，也有办法可以让我们相信自己真正的情感。恐惧与欢乐不同，虽然我们会在惊悚片中获得娱乐。情感因素在我们自身之为实在中是很有帮助的：例如，假如我意识到可以被归罪是我们自身之为实在的本质样式；我进一步区分"感觉有罪"与"有罪"。但罪之被感觉到是罪本身的意思的一部分；区分是必需的，因为那些有罪却没感觉的人可能是反社会的，而那些没罪却感觉有罪的人也许是心理不正常或者是过于谨小慎微；这些个例抹杀不了在我们事实上有罪时我们的负罪感的哲学意义。比如，如果我们发现感觉到有负担是感觉有罪的一个特征，我们很可能会认为，能够承担意味着什么，对理解作为实在的意味着什么具有根本的重要性。哲学家必须小心不要以特殊的情感为特定存在模式的认知资源，但是，对这种感情的觉知意味着什么，对于探究我们的实在性肯定是合理的资源。如果我不知道感觉有罪意味着什么我就不能理解有罪是什么意思；即便假设我被剥夺了对感觉的认知，我也仍然能意识到自己有罪。因此，一个不道德和冷漠的反社会者知道，正如一起严重犯罪的作案者知道如果被捕将受到惩罚一样，即便他觉得自己根本没罪。他知道他是造成伤害的原因，但不认为自己是罪的行为主体。然而这样一个道德败坏并且情感贫乏的人没法好好从事形而上学，因为罪恶感是理解罪责意味着什么的必要条件，而

97

作为可罪者（being guilty）对作为一个人来说是本质的。将情感包含在形而上学思考中并不自动与心理学的学术或临床医学挂钩，因为我们既不推断原因也不寻求疾病的治疗。诗人和剧作家言说激情，但既不是为了诊断也不是为了治愈。哲学家将情感包括进来不是为了用实际应用装扮其学问，而是因为我们自身之为实在已然充分地展示为有情与易损脆弱的；一个纯粹形式的构造，如抽象认知的心灵或仅具有可变的情感属性的物理实体，无法说明我们自身之为实在：我们是有情的实在（we are real as passionate），这种认识丝毫无损形而上学探究的权威性与根本性。唯一需要注意的是，不要将形上转变等同于单纯情感上的转变或对强烈情感反应的反应。一个学生也许会因形而上学探究而感到激奋，但就其本身来说，激奋不是理解转变的基础；同时，发现我们之为实在的意义可能会让我们激奋，而这种激奋的本质与意义肯定是我们之为实在的一部分，这是完全合理的。

考虑一个实际的大学形而上学课程的一个好处是，在一个学期的时间里进行长期和持续的努力。不论形而上学要求什么样的情感需要，它都不同于由艺术作品或一次讨论引起的突然的、大范围的、一闪而过的那种震撼，甚至不同于对人类事件的强烈感受，如震惊与骤然而至的恐慌。一个学期提供一个走向深刻探索的逐步发展和反思性的进路；问题的深度要求时间的长度和反复求索，通过重复和再思考而得到加强。这里会有开窍的时刻；但即便这些通常也是持续不断冲突的产物，正如学生们经常说的，"啊，我现在知道这引向哪里了"，真正的知道如天下大白，这是在黎明前的阴暗中长期努力的结果。于是，

98

来自这些发现的激奋是一种凯旋，它是经由长期的准备达成的，就像一个学钢琴的学生，只有在首先努力掌握每一个音符之后才能将那些赋格整合为一。因此，这是一个赢得的同时也是被赐予的胜利——持久的努力不仅增添其价值，并且成了其真理的一部分。因此，学生说"啊，我现在明白了"的那一时刻，明显不是转变的时刻；相反，整个学期，甚至包括老师唠叨那些个无甚高论的论点的沉闷时期，都是在转变——事实上转变也许直到学期结束了尚未完成。然而，花一个学期的时间参与对实在的探索，可以打开一个迄今为止不可预料的潜能，在此，对存在的思考变成作为存在的思考。像此前指出过的，这一思考是独特的，因为它既不诉诸先前，独立于在别的地方学到的已然确立的原则，也不依靠概念或理论系统来说明我们是谁。因为我们自身之为实在是我们在关于它的思考中所学到的，没有可以先于它的理论概念。然而，这一学习既不能还原到经验观察，也不能还原为关于内在自我或灵魂的个体直觉。可以肯定的是，这里的所有思考都像康德在先验演绎中所指出的趋赴统一性；就它至少部分地出自论理而言，这一统一性必定具有形式的要素；但由于这一探索依定义即是源始的，形式上的统一意味着它本身对学习是开放的。

　　形而上学是对作为实在的意味的学习。在学术意义上，它可以被描述为是关于实在的形式研究。真理或意义让我们可以权威地思考我们的实在，就此而言，为实（在）的真理虽然接近却并不等同于为实的意义。我们直接进入实在的唯一途径是我们自身之为实在，但这一学习是具体地普遍的。对于外在实体的存在，我被限制于关于其发生的理论概念，因而永远不能把握它们的本质或实在。进而，我们自身之为实在不是唯我论的，因为我是谁包括我之在世存在和我与他者同在；单一心灵的自我中心和赤裸实体是出自将实体置于实在之上的误导性抽象。然而，我的独特性对于学习形而上学真理是本质性的：我不能逃离个体罪责，它没法被任何人分担，就像我跳不出自己的快乐一样。意识到作为实在是可以被思考的，这种意识是转化性的，也就是说：它要求学习者与被学习的东西之间的交互性。形而上学真理不能仅仅由接受性获得，仿佛有一个纯粹的主体，是由各种关于外部事件或客体的认知操作所塑造的。进而，关于我们的学习的完全接受性的解释，必定将我们肯认事物之所是或其发生的能力列为最重要的成就，从而我们能够加到某物存在这样的单纯事实上的任何东西都是完全任意的，缺乏权威性，因为这样的评估将超出接收纯粹经验数据的机制。不但形而上学本身会被弄成不可能——因为我只能从所获取的东西中学习，而永远不能超出所接收到的东西达到其实在——并且所有非事实性的主张、评估、判断或者评价都将出自单一、孤立的意识，不具有在它们中发现任何普遍有意义的真理的权威性。

如果我们自身在世界中的在——现在通过对在世界中的意识而向着丰富性扩展——是被思考的，问题是，提问将采取什么样的形式？因为我既不能也不需要问自身的实在是何类或哪种实体，探询似乎暗示，当我问关于自身实在时，我问的是在世界中的实在是什么意思。"在世界中"的短语只是其次才表示我在星球中的位置与环境；更有意义得多的是它意味着我已经是在文化和传统中的存在。这被我考虑问题的时刻所呈示，因为这样的考虑只发生在丰饶地被赐予的语言和历史中，它们让我能够给我的反思以形式与清晰的表达。正是关于历史和语言传统的这一反思让大学课堂这一模式如此丰赡：我们被引进作为一种已然确立的持续关切的哲学，它既是有益的又是有害的，却是必要的。这一历史悠久的学科不但给予我们充满澄明区分与分析的了不起的词汇，它还给我们深刻论理的个案，这是我们可以将之吸取而为我所有的东西。就课程包括某种意义的形而上学历史而言，它同样提供对时下论述的改进。最后这一点可以被运用于即便是当前我们的探究，就像这是一门课。以下是对一个虚拟教室课程内容的概述。

学生们第一个接触的是笛卡尔的推理。一般日常语言和经验似乎暗示，我们将自己同时想成肉体和灵魂，正如我们认为一个人道德上是好的而他的肉身不美。笛卡尔建议将肉体和灵魂都视为实体；当被问到实体是什么意思，他给我们的是一个蜡球的例子：因为它明显是一个固体，而在加热情况下是可以铺展的液体。虽然在关于它的研究的各种经验地得出的来源中它是不同的，但它仍然是蜡，这一推理似乎是强有力的。变化能被感觉到，但在这些表层属性（或偶性）背后的实在是被心灵直接认知的：后者被称为实体，前者为偶性（或属性）。"实体"一词因此意味着在变化中持存的，因而必定只能被灵魂所认知，灵魂本身于是被确认为实体。笛卡尔用物体——蜡——作为所有实体包括精神性实体的模型，这一点可能会令学生感到困扰，因为它显示出笛卡尔二元论背后深刻的机械论精神。然而，这样一个论证有巨大的力量；学生很快就知道，即便在几乎所有方面都严肃批评笛卡尔的康德都接受关于实体的意义的分析，除了它的最后一步。康德认为，蜡球论证是有效的，但它并不能说明外在实体——物质——是我们的心智所认识的对象，而只是说明了，外在实体是心智提供的解释我们经验的范畴。所有被经验者都是由先于它的范畴所范导，但如果没有经验，这些范畴根本不具有独立有效性。

学生意识到一个深刻的转换：外在的实在不能被认知——说真的，它甚至不能被想象。我们所说的外部世界——可能经验的世界——因而不是真实世界，而是表象。一开始学生可能会认为这将我们关于外部的意识降格为幻觉；伴随这一解读出现的是关于怀疑主义与文化相对主义的新的冲动："我们的"范畴跟其他文化传统的范畴也许不一样。但是，忠实于康德的文本，很快就能看清，怀疑与相对的危险与其论证是不一致的。不但这些范畴因其自身而必定是普遍的，因为，如果康德是对的，它们是建立在纯粹逻辑形式基础上的，而且"表象"这个词并未贬低神话与科学的权威，而是促进了它们：幻觉跟现象或表象没有关系。准确地说，认为实体和因果范畴是加诸科学的无以承受的形而上学超重负荷的信条是错误的。将上帝、灵魂乃至终极实在的观念留在科学之外，科学将不受阻碍地自由从事它自己的合法工作。那实在现在意味着什么？假如空间、时间、因果和实体不能应用到它上面，留给我们的不就是神秘的诱惑或私下的披露，实在被阻隔在任何权威之外，启示被阻隔在理性之外？康德声言，不受经验羁绊的理性允许规整原则，尤其是在道德方面，提供一种非认知性的形而上学。自由要求搁置因果回归，而这是理性本身所要求的。因而为实者（the real）是道德上重要的：作为因果性的，我是现象，但作为行为主体，我是实在的。跟笛卡尔不同，康德的解说不是形而上学的二元论，而只是先验性的，呈现给我们两种不同的思考方式，而非两种不同的实体。

　　两种思考方式较之两种实体更不那么容易受到攻击。康德的批判并非哲学思考的终点，但激发更深广的提问。学生注意到进一步的一个转折，这是康德使之可能但需要更进一步思考的：通过康德的分梳，一个新的词成为形而上学的核心概念：意志。意志不是经验的对象，因此它不是表象；意志本身是实在的；也许意志是唯一或至少终极的形而上学主题。康德本人似乎暗示这一点，当然是模糊和间接的；而叔本华则更为直白：意志是实在并且实在是意志。我们注意到冠词的缺失；名词的首要性转换为动词的首要性：不是说我"有"一个意志；而是我意愿，这一意愿是形而上学地实在的。但这不只是我的意志，而是世界意志的呈现。叔本华举例论证，不是手解释抓，而是抓解释手——而抓只是意志作为实在的外在体现。这一修订有深远的历史意义，因为它强调，抓意味着什么比能抓的实体更根本——通过我们现在可以称之为存在论的倒转，一种做哲学的新方式成为可能；这是比叔本华他自己的理论体系更重要的发展。

　　学生现在觉察到他自己的思考欠缺深刻性；但他仍然需要指导。如果意义先于事物或实体，理解形而上学——关于实在的研究——如何可能？课程中最后一个文本是海德格尔一本很流行的小册子《形而上学导论》；基于他的语汇，根本概念又一次转换：不是东西或实在，不是实体或意志，不是意识或力，而是存在——不是作为一个实体而存在，而是直接考虑存在的意义。尼采在《查拉图斯特拉如是说》中使用的德文短语"Sinn von Sein"通常被翻译为"存在的意义"。同样的词在海德格尔的著作中可以被表达为这样的问题，即存在意味着什么："关于存在意义的问题。"于是这一问题成了终极形而上学问题的候选项，像所有真正的哲学贡献那样，它要求严肃的反思。不说别的，海德格尔表明了有可能进行实际的、存在性的探索，在此，意义是直接可思议的，而非只是将主体性加诸某些实体。至少在其早期作品中，当海德格尔所称的"本体论"——关于存在的研究——以存在的方式展开，从而为他提供了作为基本学科的终极性；因此，形式上，它是形而上学的。这似乎是用存在替代了实在，实在天生的优先性确乎开始淡出；如果存在意味着什么是终极性的问题，那为什么还要再问实在？

实在的意义没那么容易被替代。学生在刚刚概述过的课程大纲中已然见证了关于实在应该如何被思考的一系列根本转变；他没准备把这个词完全抛弃，他也不需要这样，因为他至少可以问为实意味着什么。借助康德和海德格尔的帮助，他不再依赖自身早先将实在等同于外部实体的本能。从康德那他认识到，我们经常诉诸实在作为与现象相对应的方面，因为，除非我们区分通过与经验直观相联结的范畴的手段所认知的东西和作为我们自身实在直接被认知的东西，否则我们永远无法逃脱因果还原，无法让我们的发现获得彻底性，也无法得到自由。但实在并不单单是与所显现的对立或对应的，因为这样它最多只是一个否定性的描述。关于实在的意思，涉及它们的有三种其他的刻画，它们既有其历史先例，也有其日常用法中的回响：（1）实在是真的基础；（2）实在令可思议性成为可能；（3）实在是终极的。

1. 如果存在真理的话，是实在使然。即便是在命题层面上，"下雨"的实在是让"正在下雨"的断言为真的基础。这看上去是如此明显，当反转过来时，它作为来源经常被忽略：如果存在真理，那必定存在实在；或者更具体地说，如果存在具体真理的个例，那实在必须同样被假定为那一具体性的一部分。因此，如果一个存在的、伦理的或美学的判断可以是真的也可以是假的，那么，实在本身必须被以这样的方式理解，从而令这样的判断成为可能。如果我们关于存在意味着什么的反思给出真或假，那么，这种意义，作为真的是建立在实在基础上的。

2. 想象不存在的事物是可能的；这不产生威胁，因为作为被想象出来的，没有必要将真分派给它们；我们也许错误地以为有些我们所想象的事情的确存在，而事实上它们并不存在；这只是简单地错了。提出可思议性是由我们的实在使然，意味着实在是依作为实在的意味着什么而可思议的（在权威意义上）。这也许看起来无异于将意义等同于可思议性：实在的意义是实在的可思议性。这一说法并不像看上去那么空洞，因为可思议性因此是以为实（being real）为基础；事实上，作为实在所意味的，正是为实是可以被思考的；它可以被思考（can be thought）恰恰因为它被思考（is thought）。认为一个人可以有意义地思考不实在的东西就是把思考等同于意见或想象。进而言之，认为可思议性是因实在使然，意味着思考揭示了我们自身之为实是有限地既清楚又含糊的（finitely both clear and opaque）。我是谁，以至于我不了解我自己——至少在某种程度上，我完全困惑于自己的实在，从而我需要思考它？换言之，我寻求的不只是将自己理解为实在的，而且同样要理解我为什么是实在的，然而又是神秘的。我的自我无知跟我的自我了解同样令人惊奇和困惑。

3. 形而上学曾经长期被视为终极性的学科。当早期原子论者试图在一个还原论的描述中解释一切，原子被诉诸为终极的：那绝对地解释一切的要么是不言自明的（或自我解释的），要么是推论地预设为必要的但自身无法解释的。现代原子论者提出了完全相同的论点，却没有意识到他们的论述中固有的荒谬归谬法。二年级生（sophomores）^①问有神论者：假如上帝创造了一切，谁创造上帝？先验主义思想家如康德说，因为我事实上在思考，我必定是能思考的，而这一能力上的使能必定为我们所拥有，因而这样的思考方式是终极性的。通过说它们是终极的，我们必定在某种意义上承认它们——或它们所存身的意识——是实在的。作为终极的因此就是作为实在的；但同样，作为实在的就是作为终极的。形而上学是关于终极性的。

103   以肯认或确定实在的这三种方式武装起来，学生打算承认他自身的实在是真理的基础，它令可思议性和终极性成为可能；只要这样的思考可以避免唯我论与相对主义。这一觉知将他的注意力聚焦于提问的方式：成为实在的意味着什么？因此，当他通读海德格尔《形而上学导论》第一章，他首先注意到看上去会减轻其犹豫的纯粹社会性的评论。对于"我该拿哲学专业怎么办？"这样的问题（常常由不情愿的父母抛出），海德格尔建议反过来：应该问"哲学能为（或'跟'）我们做什么？"这看上去是个相当睿智的反问，将责任推到那些缺少文化教养的

---

① Sophomores 指刚刚入了点门就因此自以为是的大学二年级学生。

154

人身上，他们拒绝任何没有经济效益的学习。这看起来也许相当笼统：在艺术和人文方面的任何修养都形塑我们是谁，开启关于我们的存在的可贵发现。学生会意识到这样的学习对他们自己是值得的；而这一觉知将消除他在选修这种课程时的踌躇，它塑造他而不是许诺他更容易获得的富足。然而，如果学生想着让这一暗示进一步展开，他会感觉到海德格尔通过哲学对我们做些什么的概念可能意指着一些更深刻的东西。或许，换言之，海德格尔认为哲学可以转变我们，形而上学地转变我们。说到底，他的书的标题是《形而上学导论》。在什么意义上，这一学术性学科给予我们如此根本的转变的可能性，这不再只是学业上的单纯提高，而是一种形上转变？可能关于形而上学的学习本身就是一件形上事件？如果这样的话，我们关于转变的理解只有通过做形而上学本身才能被实现。没有被奠基（grounding）、使能（enabling）以及作为终极（being ultimate）的所转化，终极性（ultimacy）、奠基真理（grounding truth），以及令可思议性成为可能（enabling thinkability）都将因此而成为不可能的。

可能模模糊糊地——或者可能完全不是这样，如果指导者是教条的或学生没有意愿——本科生开始意识到，他不仅通过自己深入的思考找到了根据，而且他本身就是根据；他使思考成为可能，思考也促成了他；他不仅研究终极，他本身就是终极。这些品质不是只有通过做形而上学才被发现的潜在的力量，它们被实现，并因而它们根本地，即形而上学地，改变了他。期末论文被返还他，并且他为得到的评分"A"感到心满意足；而他注意到页边还是有许多批评意见。但是，这回因为最终成绩已经有了，他读这些是他持续不息的探索的一部分：他关心的提升已经获得；他学到更多，部分是因为他想学更多。他知道自己在根本上被改变了，因为在作为他自身实在的责任者身上现在有了秩序、权威性甚至喜乐。他的老师在这样高的水平上看他的论文让他知道，他现在也在历史的潮流中：正是因为他的论证，他能够做哲学，这些虽然可能相当合理，但仍然需要完善。朝哪完善？更清晰？更规范？更好的思考？或者也许，现在能够将他自己的实在把握为值得的和胜任思考的，他的实在被转变了。作为因存在而可能的存在的意义，存在现在不只是对实情为何的发现：这是被转变了的实在所促成的成就。在这个层面上，"思考"与"存在"并不是两个截然不同的概念，因为"思考"的含义现在被揭示为"存在"的一种方式，反之，"存在"的含义也被强力地揭示为"思考"的一种方式。

这一思考的本质看上去仿佛只是反思，正如我也许回想昨天的晚餐，或更有帮助些，我可能反思我所写下的句子的句法或者逻辑符号。我也许会为我所做出的系列论证增补一连串步骤。反思本身是个了不起的现象，像康德这样重要的思想家很乐意将形而上学判断设计成反思性的。这有两个原因：一个原因是，反思这个词暗示，单是这样的行为本身就有助于进入我们的心灵或意识的运作；另一个原因是，反思预设了已然存在的精神现象或状态。因此我能反思生气是什么意思，因为我记得先前有一回我曾经生过气，或者我能在欣赏一件艺术作品的同时，反思这一欣赏如何不同于简单的需求或欲望的满足。至于反思本身如何可能，则超过了本研究的范围与需要；这里只要指出在什么方面形而上学反思如此地全然不同于所有其他类

型的反思就够了，它几乎超出了这个词的范围。形而上学的确
是反思，但只是在一种情况下，在此，被反思者本身能动地参
与到现象中。不是我作为反思者的实在孤立地使形而上学成为
可能，而是我之实在作为能动地开放的从而被反思。我之实在
不可能只是对非能动实体的透视。反思与被反思二者是交互的，
因为反思者与被反思的是同一实在的两个维度，二者都是能动
的，要求转变。我之实在不是被能动的意识研究的暗哑的、被
动的客体，它也不是被能动实在的信号所投射的被动意识。对
我们实在的思考要求多于单纯的反思性心理活动；它还要求揭
露的形而上学行动：一个反思的刺探隐秘者直面被反思的展示
者——当我们学习时我们必须被裸露，就像一个艺术家对着镜
子画他自己一丝不挂的裸体自画像。正是因为这一实在必须能
动地向形而上学反思展示它自己，它必须被理解为一种转变。
但是，存在的这一能动性是形而上学的，并且，除非作为一种
做形而上学的方式，否则不可能发生。

如同已经指出过的，作为自我反思的裸露不是主体的一
种行为，而是已然在、仍然在且与（世界）同在的存在的行动，
要求有一个传承以及与别人在一起的个体史；但它不能仅仅通
过历史学、社会学或心理学现象被说明。然而，我们自身时间
性的发展，伴随着其疏离的消长与归属的兴起，要求一个潮汐
式的陈说，一个随时光消逝、阴晴圆缺的故事，否则它就不会
是变化的。在我们之为实在的较早学说中，有一个形而上学的
原初样式，其中我们由无辜变得负责。在我们能作为形而上学
者反思我们让自己能被反思的自身实在之前，我们必须考虑更
早的我们从孩童到成人的转变的形而上学实质。

105

八　孩子

当听到他将被作为成人审判，那个被控独自实施重大犯罪
的十五岁孩子坐在他的床边伤心地哭起来。单独跟他在牢房里
的年轻看守，用手环抱那孩子安慰他。这一姿态发展成了性行为。
当他们不合规定的行为被发现，那个孩子如实指出，他不但已
急切地同意了，并且率先做了对他来说已经很熟悉的事。法官
指出，法律不认可未成年人的同意，因为一个十五岁的孩子注
定不具有理解其行为的完整意义的能力。看守抗议说，法庭已
经将他作为成人在审判。一个人怎么可以将一个未成年犯罪者
当作成人一样对待，同时又坚持将作为受害者的同一个人视为
孩童？法官正确地将这当作与看守的违法行为无关的似是而非
的问题予以驳回；结果是，看守被以重罪起诉。

在这个虚拟案例中，法官对抗辩的驳回无疑是正确的；但
哲学思考者不幸没有这样的特权。这个小片断就像在未经考虑
的黑暗混乱中发出的一束光。随着犯下重罪的儿童数量似乎在
激增，以及奇怪扭曲的法律令检方与法官可以挥舞未成年人保
护地位的大旗，这里给出的虚构想象完全可能是真的。这样一

个事件有可能实际发生。但是，在此重要的不是社会学事实，甚至也不是法规问题；重要的是与上述片断所揭示的必须却很少被考虑的与形而上学问题有关的晦暗模糊：有一种叫孩子的人是什么意思？

孩子（child）一词在字典中的专业含义是指尚未进入青春期的人类后代；在这一意义上，我们通常想到的是天真以及缺乏对理性的充分使用和理解能力。在日常话语中，这个词也指任何年纪的下一代，正如我们说到自己的孩子，即便他们已经成年。还有第三种意思，它经常被白话中的"小家伙"（kids）所替代，指的是未到法定年龄的小伙子和姑娘；的确，"小伙子"和"姑娘"经常在这一多少不那么严格的意义上被使用，意指青春期后未完全成年的人，就像当指那个十五岁的不法之徒时我们会说"他还只是个毛头小伙"。法律上关于这样的人的术语是"未成年人"，包括但不限于被称作少年的特定骚动不安的转变期。在提出孩童的存在是什么意思的问题时，我将所有这些用法都包括在内，取这个词最宽泛的用法；这一宽泛的使用既无恶意也不任意，由于"孩子"带有特定的易受伤害的含义，引出被保护和学习的需要，它适用于所有未成年人。

问有孩子存在是什么意思，打开了令人不安的从不完全责任的可能性到道德教育的合法性等其他问题的整个战线。它甚至引发柏拉图在《美诺篇》里提出过的伟大问题：德性可以被教会吗？这些完全有价值的问题本身可以通过存在性的表述来深化。我们将从这些熟悉的问题上后撤，暂时搁置解决它们的急迫心情，只问潜藏在惊奇中迄今未被问及的东西。我们惊奇的是，这个世界上存在小孩是怎么回事。这一表述追问的不是定义、指导行为的规则或者教育学，也不依赖于社会性数据和社会法则状况。它问的不是孩子的心理或信仰方面的本质，而是我们怎么思考已然在世界中的孩子。这里的四个字——"在世界中"——要求按照我们所看到的他们考虑问题，具体地而不是抽象地。探索必定是在我们的文化之中开始，不等于说这样的反思缺乏普遍性或权威性，正如在某种特定语言中讨论问题，并不消减朝向真理的提问的合法性。问世间有孩子是什么意思，本身提出的不仅是孩子的形而上学地位问题，同时也是关于成人的形而上学地位的问题，以及文化作为二者的前提条件意味着什么。

本章开头关于同一个孩子既是罪犯又是受害者的概述，一定不要被提出某个臆想的社会解决方案的想法带偏方向。可能有人会说，试图将任何未成年人当作成年人来审判的做法是明显错误的，完全是因为将同一个人既当作成人又未成年人对待的悖论必须被避免。这样的论证可以导致废除凸显悖论的法律机制，却不能消除悖论本身。不论是倾向于采取保护未成年犯罪者不受针对成人刑罚的严惩，或是倾向于严厉惩罚不论任何年纪的实施严重犯罪者，即便在法律体制被废除的情况下仍然是这样。在真正悖论的冲突中可以学到伟大的智慧，但这一智慧可能被陈腐的执念盗用，它满足于不受烦扰的欲望。如果悖论借助法律语言之助更清楚地呈现，其作用应该受称赞而不是哀叹。但是，如果探究要想不被臆想的回答带偏，其悖论性的冲击要求在存在性具体概念中翔实展开的对深层问题的强健思考。

正是悖论引出了存在性的表达方式。我们问孩子这件事意味着什么，因为这是一个触发对现象的惊奇的问题。像悖论这样的刺激不一定只是出现在上述片断给出的那么严肃的场景中。绝大多数孩子并不是罪犯，绝大多数孩子也不是性犯罪的受害者。我们对他们最初的情绪很可能是保护性的情感或甚至是爱；然而，即便在我们把他们当孩子来爱的时候，怀着由衷的关怀与关心，我们还是试图将他们由孩子转变为负有责任的成人。这仅仅只是天性吗？我们教他们洗漱、进食和穿衣，教他们说话与阅读，遵守基本的文明准则，所有这些都是为他们的成人做准备。我们做所有这些事，即使我们希望，尤其是在感伤（aching charm）的时刻，他们能像克里斯多夫·罗宾（Christopher Robin）所说的那样"永远六岁"。孩子是不是只被当作尚未成年者看？或者说，当我们感伤于他们的天真的转瞬不再，成人只不过是被其学习与年龄瞒过的长大了的孩子。

学习与年龄增长将我们从孩童状态中剥离，这两个词的使用让我们可以做些思考。单纯的年龄增长——即长大——就够了吗？只要那个小子大三岁，法律上规定的性侵就变成自愿的亲昵：只要我们等足够长的时间，悖论瞬间消失。这是个鲜明的转换，尽管它只是个法律上的虚构。法律再一次可以起到透镜的作用：在天平另一端的是犯罪。给一个孩子提供饮食、衣物和床铺，但从来没人教他任何东西；他没有任何喜好，没有任何朋友和玩伴，父母不跟他讲话，他几乎没有任何语言能力，因为没人跟他说话，可以认定他是漠视的牺牲品，而漠视同样可以是重罪。通过这一法律我们大概可以知道，作为自然的生命形态，单纯长大是不够的。法律的另一个奇特之处在于，那个悲惨的、未曾社会化的孩子一旦到了十八岁生日那一天，照样会被视为是成年人；看起来他可以自主并且要负责。但是，有一些法律保护那些社会意义上的弱者，不是把孩子当作成人看待，而是成人可以被当成孩子对待。悖论再次蔓延。不只是他的生理年龄，而是他的教化与被指导的经历，令真正的成人化成为可能；这一教化可以由法律强制实施。但是，大多数家长不需要这样的法律：看起来这几乎完全是自然天性，不但给孩子提供生存成长的物质需要，并且给予精神上、文化上以及心理上成长所需的特定最低限度的成熟，从而造就他们有价值的人生。这一教化一旦在法律上确定下来就成了权利，从而使我们得以说孩子有权利获得文化教育。否定道德教导，让孩子"自己决定"什么是道德的，肯定是对孩子的一种虐待。然而，孩子作为可贵的似乎同样有"权利"不被当作孩子对待。世界上总是会有孩子；可悲的是并不总是有童年，因为许多孩子被剥夺了童年。如果我们将童年视为转变的范式，关爱必须被考虑，以确保孩童作为孩童的价值不至于在从孩童到成年的连续过程中完全丧失。只有当我们承认孩童之为孩童的价值时，我们才知道成为成年人的转变意味着什么。

110

简短回顾那个被控恶毒罪行的十五岁少年主动跟看守有亲昵举动的场景将是有益的。即便我们了解到这个少年可能有罪，看守的不恰当举动至少在四个强力的层面上令我们不安：（1）无辜；（2）易受伤害；（3）学习；（4）美。我们不想看到无辜被伤害，对占易受伤害者的便宜感到不愉快；通过被伤害而获得的学习比被剥夺或延迟了的学习更糟；最后，少年天然的美是如此珍贵，不能只是被用来满足其他人的色欲。这四点要分别加以分析。

1. 无辜有两层不同的意思。一方面，这个词完全是与法庭有关和负面的；它意味着：法律上无罪。陪审团也许相信成年被告实际上实施了犯罪，但在陪审室讨论期间，陪审员们一致同意，检方完全没有做到让这个案子超出合理怀疑的地步，因此只能无奈做出"无罪"的判断；正如我们不断被告知的，他"在被证明有罪之前是无辜的"。另一方面，无邪①也被用来指这样一种状态或者情况，即便被证明实施了不法行为也完全不受处罚。这个词的这个正面和非法律的意义暗示一种青春洋溢的嬉戏、愉快和无忧的快乐。在此，少年似乎解释了无愁。嬉戏着的少年的欢笑是件美妙的事情；也许带着点感伤，我们感到如此纯粹和强烈的无忧快乐令人羡慕；没有一个哪怕至福之人在整体上堪比这一无忧无虑的青春热情；尽管很少有成年人能再回少年。这种欢乐的纯粹常常表现在没有后来所经历的痛苦经验，它给快乐蒙上了流年的阴影。第一种意义上的无辜指涉行为（或不作为）；在第二种意义上，它指涉一种存在状况或存在方式；正是因为这是一种存在方式，它被认为是无以消失、无法剥夺的。少年之为少年本质上就是无辜的——不是因为知识或经验的阙失，只是因为，这些经验作为新奇之事在被学习的时候是快乐的。年青看守令我们不安的是他对内在于孩子青涩中的无辜的侵犯，即使那孩子也是有罪的。

111　　我们可以想象修改这个故事，让明显的侵犯变得更糟糕。那个十五岁的少年，带着他在小巷子里学到的东西，有时也许在性方面已经相当活跃，在这一最古老的职业中获取金钱，把

---

　　① 这里字面上跟"无辜"是同一个词 innocence，但意思上正好是中文"无邪"之义。

它纯粹当作一晌贪欢而毫不知耻，没有罪恶感。年青看守也许是新进的实习生，本身是个处男，为了高尚的理由在少管所工作，带着可怕的理想主义傲慢，可能在和少年分享非预期中的亲密时感到有所安慰和支持；这些因素可能会让标签变得混乱：哪一位是真的无辜？睿智的法官也许会减轻对糊涂而不是邪恶的看守的刑罚；但标签没法调换。关于性同意的法条是用来保护那些因为年轻而无辜的人的，这就是说，在某种非常真实的意义上，无辜属于少年，尽管那个看守的自负和他幼稚的理想主义，无辜是被冒犯了。幼稚不是天真；看守应该要知道这一点。如果我们关心这类的无辜，法律上这些规定的合法性是可以得到有效辩护的，因为无辜就是无辜。

2. 少年不但在存在意义上是无辜的，他们同时又是容易受伤害的。作为少年，他们还没有发展出自卫的本领；他们不但在面对狡猾的成人的引诱时是脆弱的，在面对自身的烦扰时也是如此。他们还没有学会自我慰藉的本事——他们不知道如何为伤口止血，或者如何避免不必要的羞耻、罪责以及混乱等自我伤害的倒刺。有些孩子把他们的易受伤害性明显写在他们可爱的脸庞上，就像在项间佩上标志：来伤害我。正是孩子的易受伤害激起大多数文明的成年人保护他们的强烈意识。开车驶近孩子们在里边玩耍的校园，我们本能地减速，头脑保持警觉、睁大双眼，注意有没有打偏了的皮球滚到路上，因为孩子们在他们兴冲冲的快乐中并不总是注意交通情况。引诱孩子不仅轻而易举，而且后果不堪设想；其创伤会妨碍他健康成长，导致比年纪更大的受害者所可以承受的更大的伤痛。孩子的易受伤害，以及成年人想要保护他们的仿佛是自然的本性，在那个看守那由于其骚扰被滥用了；因此，即使我们修改场景以突出少年的过错与看守的幼稚，我们拒绝软化我们的谴责的诉求，因为对孩子来说，其易受伤害性是重要的。

3. 尽管无辜和脆弱有力影响我们对伤害的反应，其在少年学习方面的影响也许是最有力和最持久的。妨碍学习的这一恶行有三种表现：（a）对孩子根本上学习的能力的损害；（b）学习的庸俗化；（c）以及学习的预期信息或内容的庸俗化。就第一点来说，孩子学习部分是因为信任；部分是因为他们热切地想要学习。对一个孩子的虐待会令信任与热切破灭，从而他们学着不去学。对一部分人，这一学着不学的结果是退回长期的幼稚状态，因为受害者紧紧抓住唯一所知的安全茧房残存的碎片。对另一部分人来说，这将引发对童稚状态的完全否弃，在此，其受害者变得超出其年龄的精明，带着由对残酷发现的初步涉足而获得的成人式的自信，认为其他人的存在只是为了被利用或操纵，就像他一样。在任何一种反应中，效果都是一样的：与单纯经验性成长 ① 相对的学习，要么完全被摒弃，要么只有靠孩子超常的勇气和教师超常的聪明才智才有可能。我们认为，对学习的这种阻碍是骇人听闻的。（以超常的勇气与才智克服虐待带来的严重伤害的可能性，提供了理解学习与经验之间差异的关键。学习就是在文化的引导下理解自身的价值，当你把握住它，同时也就揭示了他者的价值与意义；经验则是让你自己在不具道德指导的情况下获得精明的手段与优势，这是当一个人在经验层面上发现了世界上所发生的是什么时实现的。）学习

---

① 这里指的是譬如在丛林中野蛮存活的经验。

意愿的降低甚至丧失是如此可怕，以至于被认为是对一项固有权利的褫夺：孩子不应该被如此虐待。

第二，对学习的需要，或许甚至在学习中得到的持续的愉快，可以是如此强劲，以至于即使当受到伤害，它也会以另外一种虽然粗俗的方式继续存在。这也许可以被叫作学习的粗俗化。在偶然的层面上，这意味着我们学习阅读但读的是垃圾；去看戏，可看的都是廉价和俗丽的玩意；娱乐自己时却只以最粗俗的方式获得满足；去拿学位，得到的却是拿不出手的东西；我们学习行为的礼仪，但并没有让自己变得优雅；我们懂得称赞别人的捐献，但只是将它们归因于非道德动机。如果说这些品质看上去笼统而模糊，一个更具体的例子会向我们显示内在于庸俗教育中真正的危险。家长也许以为他们的孩子读的是垃圾并且靠考试作弊上了法学院无所谓，但当他们的下一代在隔离式的"私人学校"被灌输种族仇恨，或加入所谓的邪教，在那里，秘密、恐惧、性虐待以及奴隶式的惊恐把他们变成了冷漠麻木的人，可怕的事情就随之而来。在有些学区，家长亲自把他们的孩子送到只提供种族主义宣传的学校，建立起一种基于肤色和丛林恐怖技巧的所谓优越感的怪异的友情，排挤被蔑视者。另一方面，邪教同样也让大多数家长们担心，他们经常采取捆绑和强加的"再程序化"来抵消邪教的影响。这两种地下机制可能比危言耸听的媒体想让我们相信的少得多；在此，它们之所以值得我们反思，是作为的确让我们担心——事实上十分担心——的粗俗教育的生动警示；这一担心无可回避地证明，道德教化既是可能的，同时具有极大的重要性。美诺的问题，"德性可以教吗？"在此并不像所假定的那样得到完全的回答——变坏肯定是可以被教会的，否则我们也用不着担心那两种粗俗的机制。把学习庸俗化，就是否定或贬低内在价值的理念，把我们人类的努力判定为只是基于固有的、武断的价值观。依照这样的见识，最了不起的智慧被认为是摒弃普遍与真理；最大的本事是不相信任何高尚的东西——这是被带偏了的"实诚"[①]；它在把我们自己描绘成丑陋下流时带着股得意劲，目的是不让那些让我们认为卓越的人把我们给骗了。

最后，粗俗的学习本身同样作用于它的内容和信息。我们粗鄙地学习的都是那些支持虚无主义的事实与证据，与之相应的是自我满足的得意，伴随着揭露虚假关怀的沾沾自喜。当课程食谱上包含的都是来自走马观花的学术快餐线上的菜单，由之而来的不健康是无可避免的。喂给学习者的只是劣等食物，扭曲了关于孩子是什么的健全观念，因而本身是一种虐待。

4. 我们对少年跟本该是他的保护者的亲昵嗤之以鼻，部分是因为其对美的侵犯。"美对于用来说太奢侈了"，这是罗密欧第一眼看到十四岁的朱丽叶时说的，表明惊艳于如此可爱的事物，以及它不应该被"使用"的意思。罗密欧同时感受到情欲这一点不应该让我们偏离由目睹青春焕发所赋予的虔敬感，它通常是我们在看到孩子时感受到的。绝大多数的孩子在非功用的欣赏意义上都是美丽的。孩子们，当然了，尤其是那些非常小的孩子需要偎依、亲吻、拥抱和养护；只有恋童癖才会将此

---

① 原文以带引号的"honesty"表达反讽，"实诚"而非"诚实"是更合适的翻译。在诠释上，这里实际上说的是"真小人"意义的那种（真）实。

与冒犯性的虐待相混淆，冒犯是对美的利用，并因而是对美的亵渎，是一种丑陋的滥用。孩子独特的美是一种纯洁性；我们在皮肤完美的光滑中看到它，在明净的目光中看到它，在红唇与长长的睫毛上看到它，在健康的红光满面……

但且慢。我们也这样看玫瑰。这不是危险的吗？孩子并不为自己的美丽而欣喜；只有我们成年人会这样。我们看到孩子时所产生的单纯的欣喜容易扭曲我们如何思考他们，从而扭曲我们应该如何对待他们，这似乎没什么特别。例如，可以给出这样的个案，在十九世纪末叶与二十世纪第一个十年，尤其是在英格兰，儿童期超出了其自然范围，产生了对整个社会不利的影响。像 1902 年詹姆斯·巴利（James M. Barrie）《彼得·潘》的故事对永远不长大的强调，以及王尔德（Oscar Wilde）1891 年更吓人的《道林格雷的画像》，在书中，对青春的诏媚被呈现为对奇葩罪行的辩护，这可以被看成是隐约预示了当今电视节目将大多数成人描写成愚蠢、腐化以及在性方面令人讨厌的倾向；反之，青少年则是智慧的源泉，天然的美好，以及在性方面无邪又成功。事实上，其他国家性同意年龄的巨大差异跟英语世界延长儿童期的趋势形成了鲜明对比。对青春之美与无邪的过度赞誉难道不是一种其本身也许就不健康的扭曲？

过度的危险存在于所有有价值的现象中；承认这一点在此因而没什么惊人之处。但是，孩童的美却是个相当特殊的情况，因为它强调存在规划的优先性：有孩童存在意味着什么，这样的发问方式迫使我们面对的不只是孩子是什么，还有在一个有孩子的世界上成人意味着什么，在此孩子的美成了个特殊

114

169

的问题。

　　不只是他们的美，还有他们与我们自身存在的连结困扰着我们。虽然我们大多数人能记得自己小时候许多美好的时刻和一些可怕的时刻，这些也许会也许不会被选择性记忆所歪曲，对于成人来说，意识到他们曾经是作为小孩的小孩而非看到的或记忆中的小孩仍然是困难的。看着孩子嬉戏或在仿佛没来由的害怕中颤抖与哭泣，有时可能近似于观看来自其他星球的外星人：怎么可能理解孩子？被过失和失败弄得疲惫不堪，我们还能记得自己的纯真吗？这种对他人的完全依赖还会被羡慕吗？孩童也许是我们的起源，但它是神秘的；实际上，它甚至是误导性的。我们越是想从孩子那找到对我们是谁的解释，我们的反思就越不具有揭示性。我们与我们的自然开端间奇异的裂隙本身是奇特的，因为看上去我们儿时的影响应该是很大的，因而记忆会不断提醒我们如此深刻的发现。可是，当我写下这个句子时，我想不起对任何一个现在使用的字的学习；也记不得学着系鞋带、用叉子，或者怎么扣衬衣扣子；所有这些在日常生活中都是极端重要的事。对天真的遗忘似乎总是超过对它的记忆——仿佛记忆就像遗忘一样，通过切断我们的童年与成年的联系，构成了这种根本转变的一部分。难道在反叛我们在他人和自身中的起源的霸权的意义上，转变现象必定是歪曲的吗？

　　这一转变中最痛苦和最纠结的现象给出了一些线索。青春期，就像纳税和死亡，是一种必经而痛苦的不可逃避性，即使它是引发崇高自我发现的时刻。躁狂／抑郁或二者交替的状态通常被认为是病，可是在青春期这似乎是一种正常状态；它们从极乐摇摆到郁闷无聊，自残风险以及即兴冒险。很多的痛苦是由身体变化引起的：姑娘的第一次生理期可能是可怕的，也可能是令人满意的，小伙子变声可能是尴尬的，对异性的迷恋似乎阻断对所有其他事情的兴趣，即使紧接着下一个小时会是对异性极端的没兴趣。然而，与我们的意识和道德平衡的变化相比，这些肉体上的变化往往显得微不足道。当青春期的孩子因自然的成熟寻求痛苦但必需的独立时，我们肉体实在上的转变要求我们思想的相应转变。我们是谁主要不是依我们在家庭中的确定位置，而是依我们自身发展着的责任感。业经确立的规范首先成了对我们新的独立令人不快的侵犯；但在被侵犯时，它们似乎取得新水平上的不容侵犯性；这一摇摆的烦扰不只是家长的，也是青少年的。他或她所寻求的是某种意义上的自我，这与他和她新的独立与易受伤害性是一致的。如果说新获得的自我感对某些人来说似乎必然导致对家庭价值的拒绝，这里的危险是，所有价值似乎都会是任意的，这恰恰是新生的成人最担心的。这些现象我们足够熟悉，而且，如果苦恼的、快乐的青年人有良好的训练，一种与对家庭与朋友之爱持续的信任，加上些幽默感，通常有助于将叛逆减弱为即便说有挫折感但可以接受的一种学习。并非所有人都是幸运的；战争经常夺去年轻人的童年和青春期，自然灾害与道德败坏也是如此。即便在社会暴力取代更为私人性的痛苦的情况下，转变照样发生；天真必被更成熟的惊奇感所替代。

　　青春期转变在于对作为自己的形上可能性的觉知。关于这一痛苦的转变，经常说的是青少年没有真正的自我感；事情恰好相反：正是与自我实在的遭遇导致转变。不论多么令人困扰，与实在自我的遭遇因其特定本质必定是艰难的，正如勇气的恐惧（courageous fear）源于实在逃离痛苦的简单本能；后者仅仅是在外在危险面前自保的自然情感，前者则是忧心的恐惧（fearing fear）的存在意识，因为我们比我们的安全更重要。转变着的少年将自我觉知由是什么转向我是谁；它将我们属于什么跟我们自身是什么分开，令之成为可能。这有一个悖论：越是热爱自己前青春期熟悉的存在，少年要承受的转变就越强烈；他越热爱他的家，离开它就越困难。和所有真正的存在转变一样，在少年或在勇气中，转变前的状态不是被抛弃，而是被发展。一旦你勇敢地面对你的恐惧，那几乎就忘记了单纯的恐惧是怎么回事——勇气和胆怯在转变后依然存在，这让恐惧很难只是作为保平安的冲动，除非在紧急状况下。与此完全相同，瞥见他真正的实在的青春期少年永远不可能回到前青春期的自我，那时的他对那样的存在意味着什么完全没有概念。

　　这里还有一点值得略为反思。少年常常被认定为"我们的未来"。这可能只是一个我们对老年生活的自私担忧的陈腐说法：我们想要长大了的孩子在我们需要时照顾我们。但是，这个短语有着远为丰富的含义，它揭示出一种奇特性：我们不知怎么的关注身后的未来，不是在个体生命无穷的意义上，而完全是这样一种意识，即我们自身的死亡并不导致我们对身后兴趣的丧失，甚至超越通常对我们所爱的人的关注，他们在我们死后还将活下去。这在两个方面发生作用：我们要后续的世代从我们高度发展的文化所提供的意义财富中获益；但我们也要求未来世代保护、保存文化本身的精华。我们把孩子当成我们的继承人；这样考虑问题需要强调教育的极端重要性。而这一反思

116

经常是自我转变的：要能跟年轻人分享我们的文化，我们也必须发展自身的教养，以及因而更好地享受我们自身的文化学习；但是，重要的是内在于我们文化的真理，舍此就没有什么学习，只有灌输。以莫扎特与莎士比亚的荣光教育儿童不仅提升他们的敏感性，从而他们拥有更丰富的欣赏能力，同样令关于人类存在的伟大真理更深刻的领悟成为可能，这些真理是在作为我们的经典的艺术作品中被发现的。我们认为，一个没有这样的艺术的世界是较无价值和较少真理呈现的；因此，此一学习的发生意义重大。对一个失去道德和伦理概念的未来，我们不会无动于衷：我们不想让我们的孙儿及重孙们回到存在蓄奴、决斗和以人为牺牲献祭的野蛮状态；因此我们教育年轻人知道这样的事情是不对的；孩子的存在让我们可以以有意义的方式严肃地思考遥远的未来。历史可悲地表明，某些世代的确是倒退的，古代奴隶制新的拥护者有时会说服我们放弃那些珍贵的东西；这种倒退在一定程度上是因我们教育上的失败所导致或至少所怂恿的，这加诸我们更重的责任。孩子作为学习者的实在使这一认识得以可能：这是这个世界上有孩子是怎么回事的一部分。他们学习，在学习中他们实现从天真到成熟的转变。

如果孩子的本质是天真，在他们的游戏中这一点得到最富于揭示性的呈现。孩子游戏。的确，在他们小时候，游戏似乎不但是特权，还是他们与生俱来的天命。他们似乎知道怎么玩，仿佛某种接近于天才的神圣禀赋；他们干得这么好。创造一个他们自己的魔力世界，他们变得完全沉浸在自己的幻想中。尤其当一个孩子独自一人，在厨房地板上玩那些家什，或者在外头草地上摆弄鹅卵石和树枝，他们仿佛是自己宇宙的主人，在想象上完全不受限制；作为天真的，他们的自由想象就足够了。自娱自乐这一本领，看起来是天生的遗传而非习得，是被赐予的自由，只是因为他们是孩子——当天真被转变，自由就失去了。成人也玩；但对他们来说，这是一种获得的快乐，是脱离实际的努力的结果；充满规则与约束，跟其他些事情混在一起——要有胜负，有消遣性，或者是高尚化的——不像孩子那么单纯。然而，成人所玩的如艺术可能是我们最高的成就。在此有如同我们在孩子的游戏中看到的那么纯粹的自由吗？抑或将之称为自由是用词不当？如果在孩子的想象中没有任何约束，以及如果孩子似乎是自发地游戏，那为什么不称它为自由？这不会是青春期后的人的自由，在此他首先辨识出他的权利，然后是他的责任；但这至少是对其想象力不受阻碍的使用，这带来快乐，并且似乎至少最低限度地具足资格，因为无限制是自由这个词被给予的合法用法，正像我们卸掉犯人脚上的镣铐给他以自由。

孩子真的是自由的吗？成人真的玩吗？这是悖论的真谛：自由与游戏用到成人和孩子身上是完全不同的；然而，不愿完全抛弃二者的单一性与区分二者的需要同样强烈。也许没有什么比这两个概念的相同性的悖论式转换更清楚地是转变性的：对孩子来说，没有什么比玩更自然，而对成人来说，没有什么比玩更不自然的了；对成人来说，没有什么比自由更难以承受，而对孩子来说，没有什么比自由更没负担。如果我们以对两个词作不同定义的方式"解决"问题，那我们失去的就太多了。这样的情况会是如何发生的，我们把钢琴家明显的努力和付出的能量称为玩（playing）①钢琴？显然这是辛苦的工作，不是玩。我们称剧本的演出为戏（play）——《李尔王》有什么好玩（playful）？孩子爆发出快乐的能量，我们说他自由；多年后同样一个人，被可怕的誓言或庄严承诺压得透不过气，而我们说，作为承担责任的人，他是自由的。作为自由的让成人不自由。孩子的存在意味着什么因此是个悖论：天真一旦丧失，不但一逝不返，它被彻底地遗忘：我们相当实在地记不起天真是怎么回事；然而其过去是我们自身实在的一部分：我们现在乃是作为曾经天真过的——虽然它没法被记起，但也不能被遗弃。悖论是我们之实在的一部分。时光飞逝中的转变是形而上学性的；这同样类似于做形而上学的悖论性转变：与天真相似的前形而上学状态永远没法重现，但跟天真的丧失不同，这并非是必不可免的，但在某种意义上是本质的。但是，从天真到成熟乃至罪责的转变不仅仅是形而上学反思的类比，前者还促成了后者，正如形而上学学习是学以成人的进一步推进。我们不禁会建议某种从天真到有责，然后从担责到形上层次的辩证法；但虽然世界上的大多数人均历经第一阶段转变，而完成第二阶段的显然少之又少，看起来这一发展很难被看成是理性化的自然过程。但是，形而上学省思本身的罕有必须被视为严重的问题：或许大多数被文明教化了的成年人的确间接与随机地进行过自我省思；也许我们所有人都有过这样的时刻，当其时也，我们赞叹真理，满怀惊异。可能吧。但是，如果不再无辜是个

①play 与 the piano 搭配时意为"弹"钢琴，而 play 本身又有"玩"的意思，这里 play 是双关语。

悖论，形而上学省思的罕有同样如此：在某种意义上，它不可能是日常的——虽然它必定是普遍的。大多数成人在他们自身实在中灵光一现的洞见不能真正被判断为形而上学性的，因为作为一个学科，它必定要求持续与批判性的工作。那些在讲电话时在记事本上涂画的人不是我们所认为的伦勃朗意义上的艺术家；那些在他们仰望星空或参观集中营的时刻心生颤栗的人，也不是诸如康德意义上的哲学家。但身份准确标识的困难不应该模糊类比的重要性：正如从无辜到有责的转换是形而上学意义的转变，由前形而上学状态到形而上学惊奇的转变也是这样。在我们完成对转变的意义的追问之前，我们怎么能回答有多少人转变了呢？重要的是，我们能够做到这一点。

九　冲突与融贯

从无辜到有责至少在三个层次上提供了从负责任的成人到
形而上学者的转变的类比。第一是孩子作为无辜者是没法负责
任的，因此，前探索者（preinquirer）不能形而上学地思考。
任何促成个人活动的因素都比行动本身更为根本。类比的第二
层次是，转变可以是逐渐递增的，也可以是骤然难料的，虽然
在任何情况下发展都不能完全由自然方式加以解释。第三个层
次是，在这两种情况下，导致转变的学习的历史或者展开本身
就是转变的一部分。然而，形上转变不是从无辜到有责转变的
简单延伸，这里的关键不是将第二归约为第一，而只是通过类
比帮助我们理解，在学习形上真理中我们发现一些特定的特征，
通过类比，可以对它们有更清晰的阐明。现在需要考虑的问题是：
由学习形而上学带来的形上转变的本质是什么？

作为实在的，我们是真理的根基。但是，一块岩石的"实
在"同时也是关于它的任何真陈述的基础，因此，看上去作为"真
理的基础"似乎没那么重要。然而，关于岩石的真理要求有一
个跟岩石不同的思考者。关于我们自身思考的真理建立在我们

思考这样的实在的基础上，离开思考者就没有真理，并且，当
思考者的实在为思考者的真理奠基，这只有通过真理对它本身
的可通达而得以实现。容易产生这样的想法，重要的是对我们
自身既作为实在又是实在的学习者的意识，从而自我觉知——
始终是常人所不能及的现象——是所习得的转变。必须抵制这
一诱惑，因为它只是对不同认知状态的肯认：这是一个认识论
而非形而上学的发现。我们被改变不是因为我们意识到我们的
实在，而是因为我们的实在本身被改变了，自我觉知由此才得
以可能。当我们思考自身实在时发生在我们身上的是我们自身
实在的转变，而不只是我们关于实在的思想变了。同时还有这
样的诱惑，认为我们关于自身实在的思考不管怎么说总是我们
转变的原因；这样的想法同样也应该被抵制，因为它弄反了：
转变是原因，而不是思想导致转变。假如我们从指出我们思考
的不同方式开始，然后发现我们思考的一种方式是关于我们自
身实在的思考，我们就被永远束缚在只从认知或意识而非实在
的角度开启探索的偏见中。于是，在我们之为实在中必定有些
内在的东西，它是比我们关于实在的思考更根本的，即便思考
也许是使之成为真理基础的必要条件。至少，我们自身之为实
在令我们关于作为实在意味着什么的思考成为可能。以什么方
式我们自身之实在令这样的思考成为可能？只有通过转变。意
思是，设若我们自身实在的转变没有可能，则我们就无法形而
上学地思考；而反过来同样是真的：除非我们能思考我们自身
之实，否则我们就不可能在这一更高的意义上被转变。此前的
章节表明了从无辜到有责的根本转变；第二个转变是从担责到
基于我们自身实在的真理的内在价值。上个短语的定冠词是关

120

键的：那特定的——即形而上学的——真理是基于我们之实在的。在我们关于外部自然的经验中有大量的真句子或真信念；目前的看法只关注形而上学真理；并且相关观点似乎表明形上真理只是关于我们自己之为实在的。然而，我们自身实在的形上真理不能只是从单纯心灵或理性能力上去理解，也肯定不会是对事实的认知。这一观点本身有其重要的历史先例。例如，在柏拉图的《斐多篇》中，苏格拉底拒绝阿那克萨哥拉关于"心灵"的解说，完全是因为他认为"心灵"被过于狭隘地理解了。

　　苏格拉底的名字为我们提供了一个阿基米德杠杆的支点，通过它世界本身可以被撬动。在《申辩篇》中我们知道他著名的格言：未经省思的人生不值得一活。对这一著名段落的某些初步评论将为更深刻的分析铺平道路。逻辑上说，这一主张并不包含经过省思的生命就是有价值的生命的推论：二者都可能是不值得的。进而，这一主张不是说未经省思的生命较之业经省思的生命更没有价值：它根本就没有价值。这意味着，要么省思是必要但不充分的条件，要么它既必要又充分；从而赋予生命以价值的完全且唯一方式是其被省思。格言本身还留下的不清楚之处，是什么样的生命有资格作为被省思了的生命：与大师的一次相遇，治疗师或牧师让一个人的人生成为"省思了的人生"？或者省思必须是持续不断的？进而言之，所有省思是平等的吗？假设我省思了我的人生，但实际上做得很糟糕，我的人生是有价值的还是无价值的？或者只不过是较少价值的？如果读者反思的不单是这一段话，而是考虑整篇对话，对这些问题似乎暂时可以获得某些回答：业经省思了的是值得的人生，省思本身是省思者生命的一部分，因此必须不断进行；

121

省思必须是哲学的，而不只是心理的甚至伦理的；并非所有哲学省思都是一样的。然而，这些进一步的完善本身不只是省思文本的结果，也是省思我们自己理解的结果。这一省思的特定本质是必须将自身包括在内，要求你发问这一格言是否为真。不难看出，人们对它的真实性有相当的保留。想想善良、圣洁与自我牺牲的人们，他们或者是由于本性，或者是由于对宗教的遵从，会在世界上带来伟大的改善，但他们根本没有进行省思：我们敢说这样的人生都是不值得的吗？你可以想想伟大的艺术家，他们在欣赏生活和增进智慧方面为我们做出了如此巨大的贡献，我们难以否认他们生命的价值。我们还可以想想两个深陷爱河、欣喜若狂的年轻人——他们的人生是没有价值的吗？考虑到圣徒、艺术家、情人、科学发现者、探索者和发明者以及伟大的立法者，他们中的一些人也许并没有对自己的人生加以省思，在此，要接受苏格拉底的说法未免骇人听闻。危险急速倍增：也许通过扩大"省思"的意思，我们可以把任何对我们经验的品质有贡献的人包括在内，从而避免显而易见的冒犯。或者，我们可以以一种更清晰的方式考虑"值得"这个词，接受精英主义，说只有哲学家才有值得过的人生，其他人的人生只是"有价值的"或"可辩护的"。不论是哪种方式，要让苏格拉底格言变得可以接受，其放言的大胆得要被牺牲。退一万步说，我们知道，其中的三个关键词，"未经省思的""人生"以及"值得"本身必须被审视。

苏格拉底格言的背景不容忽视。因受到哲学本身可能既不虔诚又堕落的指控，他是在捍卫自己作为哲学家的生命。但他的辩护针对谁呢？几个世纪以来，雅典政体乃至整个希腊社会都形成了一种论辩文化；智者派兴盛，雅典政府是民主制的，鼓励争论，机智的辩者名声大噪，年轻人和学童们部分地是通过观摩那些以其辩证技巧闻名的人之间的辩论接受教育的。即便是伟大的伯里克利在他的《葬礼演说》（"Funeral Oration"）中也承认，希腊人喜欢并享受为讨论而讨论。每个希腊人，尤其是自由民集会上的雅典公民，随时准备接受批评；因此，当苏格拉底在公民大会上指出，被批判的人生——这是他们大多数人至少间接地了解的——不但值得过，而且是一种与作为希腊人相一致的人生，他的呼吁具有一种爱国的性质。"你们和我，作为希腊人，已经知道批评是一种德性，一种为希腊所独有的德性；你们要为这一点而处罚我吗？"这一点可悲地被许多评论家所忽视，这个格言不是一个反叛的、独狼式革命者的惊人之论，而是诉诸雅典德性——并且的确，就第一轮投票票数的接近来看，它在民众中引起了一些共鸣。悖论在于，并且现在仍然如此，哲学作为自我批判，既是熟悉的又是陌生的：它既是对虔诚的挑战，又是对虔诚的强化；雅典公民大会认识到这一悖论。归根到底，他们知道苏格拉底是谁，并且知道他在做什么。

　　他在做什么？假如柏拉图对话更接近原意的话，我们从中可以引出苏格拉底希望我们如何理解他的格言的提示。特别是在所谓疑难性对话中，正式定义始终欠奉；无尽的探究；接近或就在话语的结尾，苏格拉底通常指出，探究者在讨论之后较之一开始变得更加不确定。一些学者由此看到的是真正怀疑论的提示，但他们没有考虑到，认识到自己的幼稚、最初的信念的不恰当，在认知上是一种收获而不是损失；进而言之，关于

122

我们的无知的这些言说并不减损毋庸置疑的感觉，即我们从《拉刻篇》中的确已经学到了关于勇敢的许多东西，在《查米德斯篇》中学到了节制，在《会饮篇》中学到了爱，这些都超出只是关于我们的无知的觉知。相反，通过阅读这些对话，我们似乎发现，作为德性的各种德性包括我们对其含义的不断思考，这不是因为探究失败了，而是因为探究成功了——通过使进一步的探究更加深刻和令人兴奋。如果"知识"意味着终止好奇，那么我们也许要被要求承认自己的无知，并因而是"怀疑"的，但这确乎是一种光荣的怀疑主义，因为它允许真正的学习，以及对论题应有的精彩深度与丰富性的深刻把握。当苏格拉底跟游叙弗伦讨论虔诚，他自己正是在学习，因为他不清楚在他本身的省思中是否有些许不虔敬的成分；游叙弗伦的行为在某种意义上甚至也许是虔诚的，但这个年轻人不想去质疑或挑战他的虔诚，因此他缺乏真正的探索精神，这样一来势必是缺乏虔诚的，因为虔诚包含批判的意思；这一缺失本身是苏格拉底失望的根据。那么，这只是对人类有限性的承认吗？对各种德性我们可以学得越来越多，但作为有限存在，我们永远没法把握全部。也许吧；但即便疑难性对话也是真理揭示性的，从而必定植根于实在。因而，实在作为真的基础本身必定是有等级的，而这直接把我们引到柏拉图所有探究背后关于实在令人瞩目的观念：这是一种分有性的（participatory）形而上学。巴门尼德试图让我们相信，个体事物是虚幻的；它们根本不是真实的。原子论者试图让我们相信，所有的事物都是同样和彻底地是真实的。柏拉图则试图向我们表明，这两种说法都是错的；特定实体多少是真的，因为它们分有（participate）了理型，因为这一分有性的形而上学，关于实在本身的知识是分有性的；部分地且在某种程度上，它只呈现于那些持续探索的人。也许完满正义的城邦在我们的经验中是不可能有的，但相对正义的城邦肯定是可能的，因为雅典就比波斯来得正义，而将一个城邦在正义上真实地排在另一城邦之上的能力，是建立在正义本身的实在性的基础上的，即便我们对那个实在性的理解是间接的。

　　分有性的形而上学，包括其所引进的实在等级，不是他对终极性问题的唯一贡献。在《斐多篇》中，苏格拉底描述了他年轻时对阿那克萨哥拉关于心灵（Nous）的说明的失望：就关于心灵的吁求，他本指望被告知什么是最好的。换句话说，心灵本应告诉苏格拉底为什么对他来说最好是在监狱中而非逃亡。在《理想国》中，苏格拉底对此有充分的解释，他指出，善／美是一切其他理型的理型。这让现代人感到疑惑：善跟形而上学有什么关系？善肯定是个价值词，属于伦理而非关于实在的研究。我们可以这样解释吗？苏格拉底与大多数前苏格拉底宇宙论者不同，他"感兴趣"的是德性，由此将其道德关切与形上反思联结起来。这样一个说法忽视了他论理中的权威性。我们自身的实在可能是分有性的，但却仍然是真实的以及我们自己的；我们如何思考我们的实在必须包含分有的真理：我可能在一定程度上成功地或失败地达成实在，因此，善作为形上的成功，恶作为形上的失败，善与实在不是截然不同的。将我们自身思考为实在的必须将成功与失败包括在其中：将形而上学与伦理学截然分开在智慧上是倒退。显然，如果德性被理解为建构美好生活，如果生活得好比生活得不好更实在，并且如果德性之为德性完全在于通过智慧的省思，那么这个逻辑是很明

123

183

显的。如果智慧本身是一种德性，那么，真理本身——以及对真理的追求——是重要的；因此，分有的形而上学和我们自身实在的发展或转变性的提升似乎是随之而来之事。业经省思的人生令有德性的生命成为可能，价值本身成为一个形而上学概念。为真理从而价值的斗争不只是争取真理和价值的手段，而是对真理和价值可能性的分有。只有当理型被错误地视为完全先验性的，而不是令本身作为热诚的斗争的分有成为可能的，厌恶理性（misology）、怀疑主义、相对主义和虚无主义的反哲学病毒才成为威胁。

在《理想国》第五卷中我们对此有匆匆一瞥，在此，苏格拉底将我们的注意力导向只给那些可能成为治国者的第二层次的和稀有的教育。在已经经过训练的卫国者中，只有很少的一些表现出热爱学习的"学问爱好者"被选出来成为哲学家；这一高雅教育的本质是发展为真理而真理的渴望。热爱美好事物或美好的人的人，必须自觉地锤炼和转变自己，从而认识到对美本身的爱——就此而言美的东西是对它的分有——将令学习者上升到辩证法，或者借用后文的比喻，使其从黑暗洞穴中挣脱出来。只有那些已然在文化传统中历经训练并且有幸具足对学习的热爱的人，才可能达到这样的洞明见地。走出洞穴的过程是艰难的，要求严苛，它要求在第一所学校所学习的勇敢，同时要求对真理无尽的渴望，这是只有在第二所学校中才得以锤炼的。以这样的方式，苏格拉底扩展了在他的辩护中所说的格言：未经省思的人生近似于只是热爱美好事物的人，他们不知道还可能有对美和真理自身的爱，他宣称这样的人像是那些昏睡者：他们所看到的是梦。只有那些清醒者——那些热爱美本身的人——看到的是实在。

　　然而，苏格拉底格言中真正有意思的是它的反转。不仅未经省思的生命不值得活过，未曾"被活过的"生命也不值得加以省思。在此，"未曾被活过"意味着没有以一种令省思可能的方式活着：作为单纯的生物性的历程，生命只是欲望的满足与后代的繁衍，跟着死去，这样的生命真不算是"活过"，只是"度过"。这是格劳孔（Glaucon）所耻笑的猪的状态，这是满足基本欲望和需求的产物，在苏格拉底看来，这根本不能为正义提供任何根据，更不要说让人热爱真理或正义的美。如果说在没有闲暇、诗及各种趣味的猪的状态中德性没有可能，那么，对这样一种状况的省思也不可能给我们以真理。没有省思就不可能有价值，但省思本身已经要求某种作为能够有价值的感觉。于是，省思对值得来说是必要但不充分的。这一悖论要成立，必须对学习加以区分。

　　苏格拉底告诉我们两种教育：造就对城邦效忠和勇敢的卫国者的教育，以及稀有的对治国者的教育，它产生智慧；第一种教育为第二种教育所要求，在某种程度上，它令后者成为可能。类比地说，从无辜到有责的教育转化，令通过做形而上学而学习形而上学的稀有转化成为可能。首先，我们学到自己是对自身行为负有责任的；其次，我们学到作为既进行学习又被学到的实在意味着什么，由此令根本的真理成为可能。通过第一种学习，我成为道德地有价值的行为者，通过第二种学习，由于成为更实在的而变得形而上学地有价值。在两种情况下，存在蕴涵有价值（being entails being worthy）。但在第二种学习中，我成为所学到的真理的根据或基础：我是作为真的实在（I am real as true）。未经省思的人生不值得一活，而无聊的人生不值得被省思。我由之省思人生的东西不可能是外在于省思者的人生的，是以有反转的需要。然而，即便附加这一条，探索的不够恰当之处要求有其他的考虑：探索不可能是糟糕的吗？肯定有这样的省思者，他对生命的省思导致对自身的损害；他们变得扭曲和不稳定，或是因为他们得知自己的确是无价值的，或是因为他们探究的方式方法是认知不良的。柏拉图本人在《斐多篇》中指出：哲学探究可能将我们引向挫折因而厌恶理性。显然，有些人通过探究和省思变得更没有价值。这一反思给我们一个停顿。我们要把格言改成这样：只有成功的省思令人生值得一活？或者，只有那些能进行恰当探究的人——不管这是什么意思——才可以省思自己？又或者干脆是这样：省思有风险，但值得一搏？最大胆的建议是，重要的不是探究的结果，而是探究本身：它本身给出我们的价值。正如道德责任让我们成为可以被处罚或赞扬的，而成为自由的胜过不自由（无辜）；因此，自我探究也许有伤害，但学习作为实在的意义仍然是更好的。

最后一项建议蕴含着十九世纪的浪漫主义，揭示了一个更黑暗的悖论。莱辛是这种浪漫主义的奠基人之一，他在一个著名的神话故事中写道，上帝用右手赐予人们真理的恩惠，用左手赐予人们对真理的探索。莱辛忠实于自己的人性，选择了左边，把真理本身留给上帝。在某种程度上，这是个挺有意思的故事，但口口声声爱真理、追求真理的人，给他真理的时候他却拒收，这是什么意思？如果我们拒绝真理，怎么能说我们追求真理呢？说我们追求对真理的追求仍然免不了荒唐：那为什么不追求对追求的追求？如果给我们幸福，我们应该拒绝它，因为追求它更好？假如幸福就在那里时拒绝它，说自己追求幸福毫无意义。莎士比亚不写剧本是为了增强自己写剧本的欲望吗？莱辛的故事暗示了一个柏拉图式的分有甚至某种更接近于存在性转化的事情：作为人类，我们必定渴望和追求真理，却从来不拥有彻底的认识；但这一渴望并不蕴涵对部分拥有的拒绝：不论是柏拉图还是莱辛，都没说对真理的追求或爱意味着要么拒绝真理，要么真理根本不在场。在柏拉图看来，我们的确分有实在，从而足够实在以变得更实在。莱辛的拒绝不是某种谦虚或谦卑；准确地说，它是基于最深刻的形而上学觉知：我不可能被赐予根本的真理，因为这一真理依定义就必须奠基于我自身之实在。上帝可以给莱辛一个对他有益的包含全部实际知识的百科全书，但不能给他真理本身。为什么？如果我自身之实是形上真理的根基，这一真理必须经由转化的各个发展阶段而被敞开，但如果它是一下子被给予的，那莱辛就不是被转化，而是被替代——让他成为神圣的，成为上帝；但作为上帝他就不会是莱辛。

在此，有一个进一步的发现必须被认识。对我之实在的追寻必须是我自己的，它不能被赐予——虽然令我的探求可能的文化财富必须被赐予。我自身之实不只是形上探索的终极主题，这一探索本身是内在于我自身实在的，这是任何其他人都无法承担之事；但作为普遍的，它不能被限定为私人情感：作为理性存在者，我依普遍性思考我自己。正如我在道义上的责任不能被转移给别人，我的形上探索也不能，因为这样的探索始终是我的实在。我的实在与我对自身实在的探求的相互依存关系，现在又包含了第三种情况：我成为值得被自我省思的人，在某

126

种程度上是由省思本身促成的，因此，我在某种程度上是通过省思而成为值得省思的人的。但是，如果我不能用另一种方式来代替探究，那么我也不能仅仅根据我是一个孤立的、特殊的实体来进行探究；因为我所探究的是我之为实在意味着什么，而这种"意义"需要我已然置身其中的世界，这个世界已然提供了形而上学探究的悠久历史，以及丰富的艺术成果和科学发现——还有当代的共同探究者，他们挑战、抗议和分享。意义只有通过特别类型的学习才能获得，因此，只有当我们的实在被形上真理所转变，我们才能说是在实在中持续地、罕有地学习我们是谁。

这样一种学习不是关于思考的思考，而是关于我作为思考者的实在的思考。由于思考的第一步不是建立或发现融贯性，也许会有这样的诱惑，想要创造某些原则或是框架，并将之应用于现象——在此即思考现象——就像我们对其他任何现象一样。这一诱惑必须被抵制，因为没有什么先于实在的框架；然而，为了让我们自身之为实在的是可思议的，它必定在某种意义上或者已然是融贯的，或者被转变为融贯的。有两种方式带来融贯：要么凭借相似和差异的要素，要么凭借冲突的力量。任何分类的举动，诸如将苹果跟橘子分开，都是基于苹果的普遍特征与橘子的普遍特征是不同的。这种相同性和不同性可以被编码，从而被当作规则或框架。融贯思维最纯粹的形式是经典的原始三段论，在其中，系列中的合法组成部分提供了推论的权威性。但还有另一种更为动态类型的融贯性，那就是对立面的冲突通过强力的权威创造统一。后一种融贯不能用肤浅的或空洞的例子来描述，但有两种类比可以揭示它是如何被学到的，即音乐中不同的音符与文学中的反讽。

在某种意义上，一个简单的上行音阶的旋律主题可以通过在相反的下行音阶中同样音符的同步演奏而得到加强，这真是令人惊讶。给定任何的旋律，作曲家可以有众多的方式加强乐音：例如，用三度或八度音阶演奏；或给出一个滚动的有节奏的低音；或者其他类型的装饰音。你可以改变力度、调性——尤其是从大调转换为小调——或甚至音量。而直觉上最难但通常最有效的则是对位法。的确，这一技术一被发展出来，现代古典音乐的整个历史在奇妙与复杂的音乐总谱方面仿佛发生了一场雪崩，尤其是赋格的出现。然而，赋格看上去是那么奇怪，那么的反直觉——但只是在描述中：作为聆听者我们一点不觉得它是反直觉的——事实上它听起来是那么自然而美妙，我们觉得仿佛它从来就是这样的。但是，对位不只是一种增强；它制造一个独立的音乐事件，有其自身的地位。是动态冲突造就新的统一。音乐在历史和艺术两个维度上为对位法所改变。但是，这是不是仅仅是西方音乐的特殊性？仅仅诉诸耳朵因而在艺术形式之外并无重要意义？也许吧，但在音乐上的对位法与文学艺术上最麻烦的格之一有一种同构性，表明这两种冲突形式揭示出远比单纯的美学批评更多的东西。

也许恰如其分的是，反讽在文本中如此经常被误认和曲解，这本身就很反讽。教师经常被它所采取的形式的多重性所误导：接近讽刺，相当简单的斯威夫特式反讽的例子很容易描述，甚至更容易例示，因此它经常被用作标准。但是，被误导地称为悲剧性反讽——因为并非所有的悲剧都是反讽性的，并且并非所有这种类型反讽的例子都是悲剧性的——的特定形式的微妙

127

性与深刻性是如此难以捉摸和如此精巧地构建起来的，它们似乎避开了作为一个格（figure）的既有认知，让读者或听众深刻地被触动或感到不安，却并不知道为什么。这宜于被称为一种修辞格（figure of speech），就像隐喻、明喻与类比；而它几乎是一个作为实在的"格"，正如我们说，悖谬的命运提供了一种奇异的恰当性（fitness）即反恰当性（counterfitness），就像我们可能会说，讽刺的是，贝多芬的失聪让他实际上听不到他自己的音乐。进而言之，在艺术中，虽然我们作为观众完全明白朱丽叶很快会醒过来，但这并不妨碍我们和罗密欧一样对她的诈死感到痛苦。这几乎就像是，我们作为观众知道，但作为艺术的参与者却蒙在鼓里，这样一来，我们同时既知道又不知道。"反讽"这个词有时完全不是作为文学上的一个格，而是经常作为命运的替身，在人类现实事件中，命运是对看似妥帖之事的嘲弄。然而，如果说不只是言词上的，反讽根本是艺术中的格；作为一种格，反讽提供了其他任何方式都无法提供的进入真理的方式。反讽管用——也就是说，它是揭示真理与启蒙观众或读者的有效方式——现在的问题是，它为什么如此有效，以及它到底是如何发挥效用的。和对位法一样，关于反讽有些与直觉不合的东西：为何看到命运的残酷将日常的恰当性变成反恰当性会带来如此的满足？在威尔第的《命运之力》中，当堂·阿尔瓦罗带化装的列奥那若到他受伤的朋友堂·卡洛身边，他无意中让卡洛杀死了自己的妹妹。当阿嘎武得意扬扬地拖着间谍的尸体从黑暗的山中归来，她震惊地发现那是她的儿子。最忠诚的奥赛罗被诱骗成了最不忠诚的丈夫。尽管这些结局是如此可怕，观众却意识到了其戏剧性的必然性，从而意识到了其"恰

128

当性"。就连喜剧《皆大欢喜》中的试金石都告诉我们：最真的诗是最假的。就它们只是获得恰当性的一种方式论，艺术中的这些反讽都是更为有力的：当弗罗瑞斯坦从他的牢房中被释放，邪恶的毕沙罗受到惩罚，贝多芬歌剧《费德里奥》的结局注定是非反讽地恰当的——这是正确和非常令人满足的。在《皆大欢喜》的结尾，当罗瑟琳让所有情侣一起举行盛大的集体婚礼，没什么比这更恰当的了：真的，这看起来就是恰当意味着什么的本质。即使有些悲剧作品也是非反讽的：麦克白和理查三世都该死。在这些个案中，我们说它是恰当的不只是因为它令人满意，而是因为善战胜恶是伟大的解决。如果我们将这样的恰当跟反讽的更黑暗的不恰当相对照，伴随着判断的是特定的不安甚至不快。反讽地恰当如何可能？在艺术的两种形式中，"恰当"一词被理解为审美上的协调融贯：情节以看起来多少是不可避免的方式展开；结局似乎受戏剧的可接受性支配。但在反讽的艺术中，其"恰当"是通过阻挠通常恰当的而达成的：我们内心有非常强烈地对与我们的期待相契合的融贯的渴望：当这一渴望被冒犯，正常的反应是排斥或摒弃它，甚至反感或厌恶地掉头而去。可是，当这一冒犯在其反讽中是艺术性的，一个新的迄今尚未实现的效力被释放出来了：不知怎么回事，我们能够接受更深意义上的恰当，它植根于我们作为有限的、命定的存在的本质。这不能通过光是诉诸这样的认知——生命是不公平的（这是个讨厌的事实，因此是真的）或者甚至说成功的阙失不能抹杀我们的价值（这是对重要的东西的发现，因此是真的）——得到解释。要点其实是，这些反讽的结局令真理成为可能：一种基于实在意味着什么的真理，它既非事实亦非价值。

　　但在这一点上，这些反思不再可能只是类比。反讽反转为形上地重要的。作为思考我们自身之为实在的一种方式，反讽之格在悖论中建立形上转变。悖论之于形上思考正如反讽之于文学艺术。令后者的真理可能的是前者的实在。我们作为自身实在的真正探寻者是悖论性的。这并不是肤浅地诉诸高度复杂的心理难以捉摸的神秘，因为问题——所有复杂的东西都是问题——不是悖论：前者原则上是可以解决的；后者不是可解决的，但可以有真理。的确，假如悖论是可解决的，它就不会是真理的来源。我们之为实在只有作为悖论性的才是可思议的；因而，作为如是真理的基础，我们自身是悖论性的——但让我们得以如此思考的是我们的被转变。只有通过强力性的思考我们才能通达自身实在；作为悖论的强力必须被转向思考自身；但由于形上思考关乎我们自身之为实在的真理，我们的实在同样有必要使强力之为一种融贯成为可能并为之奠基。当我们形而上学地思考的时候，发生在我们身上的是我们成了自身悖论性本质的基础或来源——使能者（enablers）。

　　与戏剧反讽的类比在此颇有助益：我们在道义地可证成的成功中获得的快乐是非强力性的，正是因为故事让我们对事情本该如此的满意之情得以成立。当悲剧破坏这些预期，我们被艺术家的天才驱使去发现强力性的融贯，由反讽的格所揭示的融贯。与之相似，令惊奇解除或问题解决的融贯是非强力性的；但当真理作为悖论性的而发生，只有在悖论中才能得到融贯的实在，并且，除非我们自己作为实在的被根本性地改变或转变，否则这是不可能的。我们被转变成我们自身悖论性本质的使能

129

者。悖论的本质是，形上探究激发更深的追问和更新的惊奇，而非令人满意的回答，因此，我们提问的能力奇特地胜过回答的能力。这必须细加省思：我们知道形上真理本身是在深刻的探究或追问中得到的，而不是在任何志得意满的答案中。（因此，苏格拉底始终坚持，在对话结束的时候我们比开始时更"困惑"。他不是说我们在对话中什么也没学到；恰恰相反，学习是深刻的，正是因为它让人可以在一个新的水平上发问。）认真的思考的确会得到很多答案，其中有些答案，在我们现在知道了先前不知道的东西的意义上，甚至是终结性的。但更深刻的发现是悖论性的真理，因而也是悖论性的实在，也就是说，在深奥的事物中蕴含着看上去几乎相互排斥的力量，虽然惊异的深度让我们将它们看作是冲突性的，而不是自相矛盾的。为了让从似乎不合逻辑向富有成效的冲突成为可能，就像反讽与悖论显然如此那样，我们的自身实在本身必须被转变。只有具有这样的意识，我们才能够理解这一转变的悖论／反讽本质：我们被引向成为我们自身悖论性存在的基础。如果我们不做形而上学，我们在我们的意义中就不会是悖论性的。我们在追问中学会这个真理，而不只在回答中。

我在 2000 年出版了《神秘之问》（*The Asking Mystery*），其中提出的论点是，与回答相比，发问既是更深刻的也是更可思议的（甚至更合理的）。你必须将日常的问题与不寻常的问题区别开来：前者总是要求一个框架的投射——日历就是一个让这是哪一天这样的问题成为可能的框架。而后者没有框架：让根本的或形而上学发问成为可能的不是什么框架，而是我们自身的实在——实际上不是被理解为存在着的实体这样的实在，而是作为锚定意义的实在。根本性的发问因而是形而上学的基础；它超出任何理论性的答案（这必定总是各种框架），因为，在终极层面上，它本身就令它们成为可能。根本性的发问必须被限定为作为实在的意义。正如康德在《纯粹理性批判》中所主张的，形而上学的根本计划必定是对这样一些禀赋的剥离与确认，它们让我们可以做那些将我们刻画为理性存在的事情：数学、科学、道德性以及艺术。德文 *vermörgen*——禀赋——意味着使某事可能者；它是使能者。（这就是海德格尔为什么主张康德实际上所做的是基础本体论。）关于康德的这一解读中有两件事情是重要的：第一，终极地实在的是我们的意识；作为意识的不同方式是各种认识能力；它们是我们作为思想者之所为的使能者。第二，使能者禀赋的终极形式是对作为使能者意味着什么的发问：作为科学家意味着什么，作为伦理学家意味着什么，艺术家甚至思想者是什么意思？一旦我们意识到令理性行为者可能的是给他们——使能者——以意义的形上根基，康德让他的批评者十分苦恼的关于本体与现象的区分就是应有之义。这些使能者就是我们作为有意识的实在的方式。如果不是先预设或想象一个如同日历这样的框架，我们没法问这是哪天；如果不知道是什么令我们思想，我们不能就我们的思想提问。后者是未框架化的，因而是实在的，并且因为它们是实在的，它们不能通过认识能力本身的手段被思考——因此，通过认识能力学习到的跟实在是不同的，后者是通过考虑是什么令意识行为可能而学习到的。

在《神秘之问》里，关于两种意义上的可能性的区别微妙然而至上的重要性得到强调。在第一种意义上，可能性是一个纯粹形式化的概念，它允许我们把只要不自相矛盾的任何东西都包容在内，如同我们可以包容红色海洋或诚实的政客这样的可能性。这和模态逻辑所说的任何实际存在的必须也是可能的可能性不同。在此，可能性是在实际甚至实在之中，因此，所有实际的暴风雪都是可能的暴风雪。进入实际中去看作为发问的基础的它的可能性，如果我们发问的是实在，我们也必须问蕴含在其中的可能性，这一可能性是根本追问的终极源泉。当我们从实在转向实在的可能性，我们面对的是形而上学特定的可追问性；吊诡地，实在的可追问性——即作为冲突的——直面实在中的可能性，这一可能性在由实际的实在到可能的实在的转换中获得实现，从而只能作为某种样式的学习而发生，这实际上是一种具有强力性的学习——要么是反讽性的，要么是悖论性的。

在本书开篇章节所勾勒的最后一个对话短剧中，通过演员对波希霞的扮演，和波希霞自身在她对巴珊尼的爱中学习她所变成的，显示了学习的巨大的使能作用（enablement）。对二者来说，学习是被转变所造就的，转变强力地萃取作为他们的实在的基础或使能者的存在的意义。在第六章，林肯被探究为一个悖论的因而也是强力的学习者，他使一个国家的本质真理显现出来，不仅使其成为现实，而且使其成为可能。这两个教化性的样本表明，当追问本身是深刻地被提出的，它就是真理的源泉；也就是说，我们不仅仅是追问真理，追问本身令真理成为可能——真理就在追问中。在哲学探索中，真理更多地在深刻的追问中而非任何理论答案中。但是，走出最初的论点，如果真理在追问中，并且真理奠基在实在中，那么，追问中必定

131

有实在，从而追问是意义——作为实在的意味着什么——的可然性（availability）。能够进行这样的探求我们就被转变了。总之，在开篇的短剧中，青年意识到他不敢离开也害怕留下来；他的内心冲突就是悖论性的。通过追问冲突性地恐惧意味着什么，他使自己变得勇敢。

十　起源

在柏拉图的《理想国》中，苏格拉底给出了一个关于学习
的寓言，在其中学习者通过离开洞穴的痛苦历程而被强烈地转
变。对话清楚地表明，真正的教育必须与单纯的教条灌输相区
别，因为前者在其自身内部有其起源。即使我们自身思考的能
力在某种意义上已经在我们的灵魂中，可以说静静地在休眠中，
教育的强力在我们可以被转变成能够揭示真理之前仍然是需要
的。在对话更前面的部分中，在他关于线喻 ① 的描述中，苏格
拉底将辩证法确认为我们藉此将自己转变为去认识我们的实在。
"辩证法"本身是个令人烦恼的词，但它清楚地是一种充满活力、

---

① 线喻由古希腊哲学家柏拉图描写苏格拉底和格劳孔之间的对话时
（509d–511e）提出，当苏格拉底描述完日喻时，格劳孔要求苏格拉底进
一步解释"日喻"时，他提出了线喻。苏格拉底要求格劳孔设想一条不
等分的线，然后把这条线分成两部分。苏格拉底解释说，由此产生了四
个部分，这四个部分分别代表了四个"层次"。较低的两个部分为感官，
而较高的两个部分为可理解性。这些分别阐述了从猜想到信念、从思想
到最终理解。这显示了从现实一直提升到最高真理。

话语性以及论争性的批判理性，单独就能给我们提供形上的学习，不是通过点出某些外在实体，或发现某些理论建构，而是让我们能变成我们自己普遍性与权威性的来源。走出洞穴的痛苦跋涉的故事明显意在表明，哲学不仅仅是给我们提供新的信息，而是我们必须通过自己的旅程去被深刻地改变，以至于我们走出洞穴后与之前的状态迥然有别。在第五卷中，苏格拉底用沉睡与觉醒的隐喻说明这一转变了的见地：单纯爱美的事物的就像是睡着的人，受美本身的则是清醒的人。哲学教育是猛烈地唤醒。被唤醒如同一种转换，由沉溺在幻觉中到安立于实在；这一觉醒不仅仅是对关于我的世界的真实情况，更是对我自身实在的认知，因为昏睡与觉醒的都是我，因而，根本的区别是我的实在。真正的教育是将我们唤醒的声响。为什么"醒来"？

在莎士比亚的《理查二世》中，国王从爱尔兰之战归来，发现他的领地正发生严重叛乱。他看到报告时先是感到绝望，但奥墨尔（Aumerle）有些刺耳地说："别慌张我的陛下；记住你是谁。"理查接着回应："我忘了我自己：我不是国王吗？醒来吧，你这萎靡不振的王！你这昏睡者。"（第三幕第二场）此一觉醒是隐喻性的，但它表现了苏格拉底想说的：前形而上学地思考就是前形而上学地存在。学习哲学地思考就是学习成为哲学家，正如查理先是失败，然后通过意识到——被唤醒——自己是谁，成功地成为了国王，无论这一成功多么短暂。苏格拉底把将我们唤醒从而让我们成为实在的那种思确认为辩证法——这是我们趋近理型如善本身或正义本身的唯一进路。人们容易把辩证法仅仅理解为批判性的——即反驳性的。在大多数质疑性对话中，关于德性的讨论是由明显相当幼稚尔后被证明为假的定义发端的；但即使是接下来进一步的改善结果仍然难免批评，让苏格拉底和其他对话者"比之前更困惑"，因而对话显得像是无效之举。然而，这一意义的反驳不能给我们提供真理或实在，并且肯定与辩证法在线喻中被给予的崇高地位不相称。因而，我想提议，先前提出的定义被批评不是因为它们是假的，而是因为它们是真的。它们被攻击不是为了抛弃它们，而是通过拷问它们去揭开它们的秘密。拉刻提出勇敢是坚守岗位，查米德斯认为节制是文明和优雅的行为，游叙弗伦视虔诚为取悦神。传统上这些建议一直被摒弃，由于它们的偏狭或含混不足以为定义，而大多数的对话本身亦不能给出定义。既然如此，那重要的不完全是对话者在对话中是否找到了终极答案，而是读者对根本性学习活动的参与，正如观众观看戏剧时所做的那样。因此，哲学性的是求索本身，而不是答案。它是这样一种求索，它被读者以这样的方式吸收，从而让他自己被唤醒；给读者一个最终定义则是让他回去昏睡。

　　洞穴寓言也许是形上转变的最佳例示，给出关于当我们做形而上学时何所发生的意义。它因此是这一探索的起源之一。但是，《理想国》中大部分的论证是类比和隐喻性的。更为现代的一个提供了类似学习的思想家是康德。在其巨著《纯粹理性批判》的第一版和第二版之间，康德写下了《未来形而上学导论》，宣称要给更大范围的读者提供一个关于他思想更不令人望而却步的概述。可是，在这一令人期待的著作中，康德提出某些只是暗含在《纯粹理性批判》的两个版本中的东西。未来形而上学——即作为"科学"的形而上学——必须唯一地存在于关于认识能力的批判中。但这样一个批判只是对什么让我们能做那样一些确认我们为理性的人的事情的研究。在认知领域中，我首先能够接受关于外部世界的信息（经验直观）或关于我如何能觉知这些直观的理型（纯粹直观），这一能力被称作感性。感性因此只是接受力：作为有意识的，我必须能接受。进而我能够权威性地将经验直观连结在一起，这一能力叫作知性；最后，我能够产生和遵守规律，这是一个被称为理性的能力。我也能给认知意识加上其他的能力，这让我能够权威地思考我的行为，比如意志，并且甚至能注意到想象，它作为一种能力不仅能运用到认知上，同样可以运用到艺术中。在所有这些情况下，这些认知、道德或审美行为的促成因素都在于我们自己。除了我们自身有意识的实在之外，对这些能力进行批判不需要其他资源；因此，如果未来形而上学要成为可能，就必须被置于作为实在的我们的基础上。因为对康德来说，任何事物的存在只有通过经验直观与知性法则的结合才能被认识，任何不是我们经验的可能客体的事物都不可能直接被认识。因此，诸如灵魂、自由、上帝甚至包括宇宙这样一些东西的存在是不可认识的；但是，我们自身存在的实在可以以一种合规律的方式被思考，因而，作为发生在经验世界中的存在者与实在是迥然有别的，只有通过康德所说的范导性（与构成性相对）原则，实在被认作是可思的。如果认识能力批判是做形而上学的唯一方式，唯有我们自身的实在——而不是我们作为存在物、实体或事物——可以解释是什么让我们能做这样一些合理性的事情，比如数学、科学、道德和审美判断。这些理性活动根本基础的来源在于我们自己，而非康德称之为"哥白尼式革命"的世界，即令真理可能的根本转变。这是由自我觉知而取得的转变：作为意识，我既能成为给出道德、普遍法则的权威的基础，又能在我自身中发现那些可以解释令经验世界中的自然秩序有意义的原则。正是这种意识到我是同一个以道德的方式和科学的方式运思的实在的能力，带来理性产生的反映在二律背反中的冲突。对认识能力的批判显然足够丰富，它不仅意识到无根的形而上学注定会遭遇挫败，甚至瞥见了解决方案：虽然我仍然是一意识，我必须将现象或表象与本体或可思实在区别开来。

与柏拉图不同，康德并未提供一个转变的形而上学，因为，哥白尼式革命是思想史上的一个转变，而不是在思想者形上地位上的转变。但他的贡献甚至可以更大，因为他确认那令我们可以从事理性行为的是比行为本身更根本的，并且比这些行为的结果更重要、更根本，从而更"实在"。实际中的可能因而被认为是实在的。我的身体，跟它的感官，可能是存在的；我的理性行为，它可能要求非经验的基础，可能作为事件而发生；但唯有令这样的发生可能者应该被称为实在的，因为关于这样的能力或使能者的批判是形而上学可能的唯一方式，形而上学是关于实在的研究。

这种说法存在一些困难，其中重要的是康德诉诸于他所谓的道德形而上学。这一短语也许指涉对令道德可能的能力，即意志的纯粹批判。但意志并不是认识能力——它不提供知识；而是给出关于一种类型的事件（人类行为）的说明，它不依赖于知性，尤其是作为顺序的因果性。反映在其自身作为给出法则者的本质的理性，能产生作为道德行为至上法则的绝对命令；但不论遵守或不遵守这一法则都不能通过参照法则本身单独地得到解释，因此，意志作为一种独立的能力必须被假定。于是，

136

看起来不可避免的是意志能力不能让认知可能，而是让责任可能，从而意志本身不再只是现象。那么，意志本身是实在的吗？本体是实在吗？不可知的物自身是实在的吗？也许；但即使我们假定它们是实在的，它们严格地说不是形而上学的对象，因为那个现在被转变了的学科完全是批判性的：它本身只关注认识能力的批判——也就是说，这是对我们自身内在的能力的批判，这种能力让我们可以做那些将我们标示为思想者的那些事。再一次地，我们是真理的终极来源。

如果康德是这一探索的第二个来源，第三个来源是海德格尔。在他的后期作品中，海德格尔因为"形而上学"一直被误解而放弃了这个词，但在他的早期著作中，他所说的本体论差异（Ontological Difference）是他思想背后的关键区别。在被看作实体的"存在者"和作为意义根基的不定式式的"存在"之间的区别，从而心灵是何种实体这样的问题现在被转换为作为心灵意味着什么（mean to be）[①]，或者甚至更简单些，思意味着什么？（What does it mean to think?）与康德的"哥白尼式革命"不同，那指的是批判方法的实际历史性发现，本体论差异更接近于柏拉图教化性的走出洞穴的转变性说明：这是持续的、拷问性的，与非批判的、日常存在的安适日渐疏远。海德格尔在《存在与时间》中所说的非本真的存在是一个持续的诱

---

① 这里说到了英文动名词"being"与不定式"to be"之间的区别，作者由此强调"存在意义"理解由 meaning of being 到 mean to be 的语言转换，这是作者早在他的处女作《海德格尔〈存在与时间〉评注》（1989年第二版，p. 5）中就提出的一个重要的论点。

惑，它甚至潜藏在我们努力取得的更高成就中，并且的确永远不能被完全超越。然而，对存在意味着什么（存在的意义）的追问始终在那，作为一个可能性潜藏在甚至最世俗的存在中。

海德格尔将"意义"一词作为他所说的根本性探索的必要部分插入[①]，带来的既是危险也是力量，这对后来的思想家有不可否认的影响。其中一个危险是，在某种意义上将真理看作是视角性的倾向。早在《存在与时间》（1927）中，读者在他的术语中无法摆脱这一影响：在这本著作中，他将自己的方法确认为解释学的或者说"解释的"现象学；他将自己所说的理解解释为"可能性的绽出"；他还说到对传统形而上学的"克服"。作为后者的一个例子，他在1929年出版了一个对康德的《纯粹理性批判》原创的且惊人的解读，作为一个"争辩"（Auseinandersetzung）。在日常德语中，这个词的意思是"争论"或"论辩"，但海德格尔将之理解为对原始文本的特意重构或施以强力，以令其更深的真理得以呈现。《纯粹理性批判》于是被阐释为，为基础本体论奠定基础。在《艺术作品的本源》（1935）一文中，他指出其所称的"保存者"（也就是我们说的"欣赏者"）的关键重要性，将之置于艺术家之上。这些段落——还有许多其他段落——将读者或者阐释者置于由"意义"界定的形而上学的中心位置；作为其结果，在此发展出延伸到哲学之外其他学科尤其是文学批评的以解构主义之名为人所知的巨大和有影响力的运动。对许多人来说，虽然解构主义根本就不

137

[①]　这里指的是在海德格尔念兹在兹的"存在问题"上插入"意义"，成为关于"存在意义"的问题。

意味着一种文化或个人的相对主义，在此"真理"一词不再具有目前所指定的作为"基础主义"或非相对主义的地位，而是在根本上视角性的。海德格尔不是个相对主义者，实际上并非所有的解构主义者都是相对主义者；但正是因为它将内在于关于意义的主张的问题摆上前台，这一运动是重要的。虽然解构主义是一个被宽泛理解的运动，其核心宗旨之一，是不将"文本"界定为写在纸上的文字，而是看作包含作为阐释者的读者在内的现象或事件。因而，不存在外在的实存者，莎士比亚剧本中的克娄巴特拉是不存在的，只有在阅读与戏剧演出现象中呈现的埃及艳后。这造成文本的多重性，不只是在不同读者的意义上，同样也在存在次文本、元文本以及其他层次的文本的意义上，它们像税一样成倍增加。然而，这里在根本性问题上有一个严重的合法性问题；但这不是源自解构理论本身，而是一个从古代开始就伴随着我们的问题。扮演克娄巴特拉是否只有一种方式？当然不是。但承认不同的演员可能以不同方式丰富我们对戏剧的鉴赏，并不意味着所有的扮演都是同样合理甚至同样真实的。有一些演得比另一些好。然而，这种对传统或基本真理的看似威胁并不限于文学，甚至不限于更宽泛意义上的艺术。即使是在严格的数理科学如物理学和化学中，阐释性的判断仍然必须被给出。有这样一个事实：一块放在靠近磁铁的地方的铁会被吸过去。我们说这是真的。然而，我们同时意识到，关于磁力甚至数学的本质存在着深刻的争议，这部分地解释了我们对它的理解；可是，很少有科学家否认磁力的存在，以及否认我们对它的原理有所认识。科学本身是一个假说的历史，在某些场合下它的结论被证实了：地球是个球体不再是假说，这是个事实。因此，说假说只能被证伪是不对的；托勒密的地心说假说被证伪，哥白尼日心说假说被证实；因为现在我们可以乘宇宙飞船绕地球飞行了。在各种解释中，不论是科学假说，还是对克娄巴特拉的扮演，又或者关于我们自己的现象性存在，都得不出真理概念必须贬值为意见概念的观点。我们认识的不确定性也不应该被看作是支持真理相对性的论点，这本身是一个建立在至大傲慢基础上的错误，好像除非我知道某些事情，否则它不可能是真的。作为思想者，我们要求哲学真理不是任意的，而用不着把它放进可以被证实或证伪的命题中。因而，不必将海德格尔思想的基础主义面向与他对存在现象的阐释性分析割裂开来。

在海德格尔所说的根本问题中，"意义"——存在意味着什么？——的必要插入因此是有危险的，但这些危险也是可以避免的。而这一插入亦有其好处；如果涉及根本性问题的学科要求事实与价值之间"意义"的粗暴割裂，它本身是思想与真理的敌人，必须被避免。正是这一特殊的好处为形而上学作为转变提供了支持。如果意义是形而上学这一根本性学科的本质部分，介入后者将大大影响前者。这是海德格尔坚持"强力"内在于思想的部分原因。不幸的也许是，有些批评者坚持认为，内在于基础本体论的强力转变折射了海德格尔1933年与纳粹党之间短暂然而令人遗憾的关联，他们给出了一个否定后件式（modus tollens）假言推理的道德版本：假如海德格尔的思想让他支持纳粹党，而纳粹党是道德上必须被拒斥的，那么，我们必须拒斥他的思想。对推理规则这一浮泛误用是在阅读海德格尔时含糊性危险的又一个例。没有理由单从特殊的政治强力的角度来看待形上强力的必要性；这样的暗示确乎是文本表面的浮光掠影。在此重要的是更为合理和更为严肃的思考。如果哲学性的思考改变思考者，某种类似于强力的东西是必要的；但如果是这样，形上求索如果要是真的，就必须促成这样的强力。将意义一词纳入形而上学这一根本性学科的特定定义中，并不像一些解构主义者以为的让它变成相对性的，但的确将之变为动态的，因此真理有意义。主要是出于这个原因，海德格尔必须与康德和柏拉图一起被视为当下关于形而上学之为转变的反思中的三大资源或来源之一。

在某种意义上，海德格尔对柏拉图那么粗暴令人惊讶，因为他跟这位古希腊大师共享的东西那么多。根据柏拉图，我们可以通过对不同分有者的排序达到对正义本身——正义的理型——的理解，从而明白，以追求荣誉为动力的城邦（timocratic state）或人，要比民主城邦（democratic state）或人更正义，这让我们能够对正义本身意味着什么有一些感觉；对海德格尔来说，言说的意义只有当肯认非本真的言说与本真言说的区分时才有可能。因此，两个思想家都肯认成功与失败的感觉对做形而上学来说是本质的。因此，不单我们自身实在的核心性为我们做形而上学的可能性奠基，并且通过成功与失败、梦与醒、本真与非本真的对立，进而令真理概念成为可通达的。这些张力始终伴随着我们并且就在我们自身；离开它们，形而上学思考将不复可能。

在海德格尔后期思想中，语言的重要性持续增长，成了主导性的主题，有时几乎好像超过存在本身——这是他与柏拉图的另一相似处。语言不是在命题中揭示其恰当本质，即便是在句法分析或使用中也是如此，而是在其惊人的修辞能力，尤其是在诗中显露其本质。海德格尔在这方面十分特殊：诗性语言以人类任何其他活动都做不到的方式揭示形上真理。诸如反讽这样的修辞手段不仅给文学作品增添审美修饰，它们是我们自身戏剧性本质深刻的，虽然是不精确的，感觉的回响。海德格尔经常被引用的关于"语言是存在的家"的评论本身是一个隐喻，其形而上学的深刻性依赖于修辞；我们在本质上是语言性的存在。这里与柏拉图同样有类似之处，因为在《理想国》中，苏格拉底向我们保证，建立在语言上的城邦比我们在经验中发现的城邦更实在：语词比行动更真实——至少在哲学中是这样。

在本探究开头的篇章中，所勾勒的每一种情境都是为了表明，如果用一个词来表达，转变意味着什么："勇敢"一词改变了那个年轻人对他的害怕的想法，"忠诚"一词改变了陪审团如何思考被告的行为。这当然是艺术性的——并非每个转变都必须由一个词所导致——但这是用来将注意力集中在这样的认识上的手段，形上真理是建立在我们自身作为言说者和聆听者这一实在基础上的。

然而，海德格尔关于语言的言说并非是他唯一的资源；他如何说和如何写也是。他最受欢迎的出版物之一是相对较短的《形而上学导论》，该书的开篇是一个了不起的哲学事件。海德格尔以高超的文学技巧提出了"存在"的问题。这是向听众或读者发出的一种萦绕心头、令人肃然起敬的呼吁，让我们敏感地意识到问题本身的诱惑。它具有一种近乎"直觉"的色彩，表明形而上学远不止是学院中的一门学科，而是一个无处不在的问题，持续存在于我们不断展开的存在模式中，在思考自身中逗引出珍稀性；但同时它又具有极大的权威性，显示出非凡的博学和哲学的精深。然而，正是因为这种艺术性如此深奥，才会激怒那些没有同情心的人。然而，它的作者成功揭示了对

形上问题的叩问意味着什么，当我们阅读它时，它改变了我们。作为最具批判性的学科，哲学会不会是要求对一个人自身叩问存在的意义是什么的能力有一种崇敬感？如果是这样，崇敬能由文体所导致吗？为什么不能？如果海德格尔的观点是，某种真理隐藏在日常话语从而日常分析的遮蔽之下，那么，对读者或听众发出这样的真理就在我们自身存在中的非常规忠告可能是必要的，以唤起我们对自己直面它的能力的某种体察。假如对这一真理的通达被陈腐之见所阻碍，就要求其语言的特有独创性。该书开篇的句子，"为什么在者在而无反倒不在？"是一个启发性的冲击，把我们转变成基本性的使能者。我们很快就会知道，他提问本身的第一炮被转换成海德格尔在其他地方给我们的更为熟悉的术语：我们必须问关于存在的存在。

　　处于海德格尔主要贡献基础的是基本性本身，这一概念必须被恰当地考虑。有一些探索的学科或方式，其中一些比另一些更基础。例如，逻辑具有纯形式的优先性，可是基本语法在某种意义上甚至先于逻辑，因为，除非存在着让我们能恰当说话的规则，否则我们不可能发现推理的形式化规则。这两门学科可以形式地加以排序，但由于二者仅仅是形式化的，我们已经知道我们是在建立可用以排序的区别，暗示另一种思想方式。那么，到底为什么要排序？就存在着不同学科、思想方式、主题、问题以及论域而言，任何自我反思都要求某种关于何者由何者得出的觉知，它对别的东西成为可能是必要的，它是基本性的。

这最后几个字给我们一个停一下的机会。在这里被询问的是什么？基本的有正面意义和负面意义：它在负面上意味着在此没有必须预设的先验或在先的前提；正面意义上意味着它是所有其他程序或探究都由之而来的基础，是所有其他的基源。那么，什么是基本性的学科呢？不论它是什么，它同样必须对关于它的特定问题给出说明，对海德格尔来说，唯一看来可以这样做的学科就是形而上学——或者更准确地说，某种被称作基础本体论的形而上学：对存在意味着什么的叩问。海德格尔通过他所使用的"提出存在问题"的语言试图激发提出这样的问题的能力。在该著作后边"思与存在"一节中，通过对"思想"（noein）作为比"说话"（legein）和"物理"（phusis）更基本的分析，以及慨叹"说话"因被现代主义翻译为"技术"（technique）而被阉割，他更精确地阐述了这一点。开篇章节中所进行的完全可以被理解为一种思想（noein），但无论如何，读者已然意识到我们自身中不可思议的力量。我们可以对存在提问。

但什么将存在置于实在之上？这些词的选择是任意的吗？ 141 康德说实在是形而上学的领域，海德格尔说存在是。哪个正确？柏拉图说理型是终极性的，从亚里士多德经过笛卡尔直到贝克莱，实体盛行起来，直到休谟将这个词当作没有意义的东西抛弃。全部哲学史在不经意的一瞥之下可以被看成是关于根本术语的争论：从泰勒斯到阿那克萨哥拉它是"世界"或"万物"；对柏拉图来说是理型；从亚里士多德到休谟，实体；对康德来说它是实在；海德格尔，存在——虽然海德格尔重审前苏格拉底哲学家，宣称他们也都在谈论存在，只是被误解了。术语上的这些区别重要吗？也许他们用不同语词谈论的是同一个东西。

也许这些候补语词的短名单应该被看作是一个进步序列，后者胜过前者。也许这种选择是任意的。这样一种历史性的概述可以被看作是微不足道的，除非它被当作聚焦从康德的"实在"到海德格尔"存在"的转变的方式；前者潜在地是对应性的，即实在对应于现象，从而形而上学如果可能，不能使用知性范畴；后者在某种意义上同样是对应性的——存在对应于存在者——但更重要的是，如果存在要被思考，它要求插入意义这个词。

正是"意义"（Sinn）的插入给出我们的转变。去学习以便探索存在意味着什么本身就是一种形上转变，而使之为转变性的是其自身内在的基本性。正如无邪的孩子被形上地改变，因为作为孩子，他是没法有责任的，但通过教育他成为有责任的，因而，前形上的成人是没法哲学地探索其自身的基本性的，但通过形上教育的学习他可以这样做。由于正如柏拉图、康德和海德格尔所表明的那样，终极实在是我们自身的实在或存在，要能学到这意味着什么，需要有一个根本性的转变。

然而，除非从他们那里借鉴的不仅仅是他们的学说，还有他们的推理，否则这种拎出这三种历史渊源的做法只是大杂烩式的依据。我们不但能推理，我们还能学习如何对我们的推理进行推理，去思我们的思，甚至——以这样的方式存在，从而能够让存在的意义成为可以通达的真理。这只有在做形而上学形而上学地转变我们的情况下才有可能。

贯穿整个探索，被强调的是转变的形上本质。这既不是物理性的也不是心理性的转向，不是宗教式的皈依，也不是被采纳为意识形态的理论；它不需要改变我们的人格，也不需要改变我们的习性。那么，这看起来像是个幽灵，或者是没有后果的纯形式观念。但如此贫乏的阅读是不恰当的：否认转变是物理、心理或精神性的是为了抵制把转变还原到这些学科；它并不蕴含对我们情感的完全褫夺。柏拉图把爱欲既当成对哲学的隐喻又当成其条件；康德谈到对促成敬畏的现象中理性基础的需要；海德格尔说操心是本真存在。如果形而上学在正面而不只是负面的意义上是基本的，那么，就会有在我们是谁方面我们更熟悉的根源性转变的显示。正是基于这一理由，本探索开头一章给出了五个对话短剧，它们分别建立在恐惧、敬畏、崇敬以及欣赏这样一些现象的基础上。但第二章中探讨的惊奇似乎是关键的哲学激情。对哲学真理的探寻在它上面寄托了许多的情感反应；它会产生一种孤独感：渴望分享其丰富性，思考者发现几乎没有能参与其中者。在好的方面，在极少的情况下的确有他人分享，联结会变得十分微妙。与其他崇高的事业一道，哲学探索让我们把时间用在我们历史中高尚的心灵和精神上——不只是哲学家，还有诗人、戏剧家、科学家以及历史学家。即便悠闲的时间也变得充实，就像在等公共汽车或在收银台前排队时沉浸在伟大的思想中，这是令人高兴的事。然而，持续的挫败有时带来的是厌恶理性和绝望的时刻。这种反应并不具有普遍性，因为其中一些反应可能是独特的，但它们也并非完全无足轻重，因为它们在一定程度上表明了形而上学反思可能的样貌。然而，如果要有一种特殊的、揭示性的激情或感觉，那也不可能是这些反应，因为这里所寻求的是一种感觉到的意识——如果有的话——即被改变的意识。

在此，谨慎是唯一的考虑。"我过去相信 X，但我现在相信非 X"不是一个关于非 X 的论证，甚至不是个理由——这样说因此会是一种非形式化的谬误，近乎运用未经证明的假定或诉诸权威。转变本身的感染力不能被用作其有效性的担保；那么，为什么还要考虑它？它值得反思，因为它可能会揭示被转变意味着什么。那么，当我们反思五个关于转变的对话短剧（其中第四个短剧是由做形而上学促成的）时，我们对自身实在的共同感受会是什么呢？在所有这些样本中似乎存在一种奇怪的二元性：一方面，每个个案中的转变似乎都是自我促成的；通过我的直面恐惧，我的恐惧被转变为勇敢。但另一方面，尤其是因为它以戏剧化的形式被呈现，它似乎差不多是注定如此的，就像事件或状况多少是被设计好的，或者至少像道路上的陷阱一样等在那。正是出于这个原因，对话短剧中的每一个转变都是由一个词引起的，这表明由于我们已经知道忠诚这个词，在法庭上只需提及这个词就足以带来对证据的完整再阐释。因此，这里有些令人费解的东西：转变虽然是从内部产生的，但似乎有一种宿命似的不可避免性。就像我不可避免地被做成自由地去学习我自己的不可避免性。但这一反思似乎回答了问题，什么存在现象——如果存在这样的现象的话——可以反映形上转变？五个短剧中最后的一个和整个第六章透露了答案：学习现象。我们直白地知道学习某些东西是怎么回事；当我们学习的是我们自己思考为实的能力时，我们变成与过去的我们不同的人，就像从洞穴中解脱了的囚徒。这种解脱是一种转变。

译后记
哥文其人及其哲思

迈克尔·哥文（Charles Michael Gelven），1937 年生人，卒于 2018 年，一生无妻无后。1966 年在美国华盛顿大学获哲学博士学位，1970 年与 1981 年分别为北伊利诺伊大学哲学系副教授、教授，1993 年成为该校校级研究型教授，他还是该校哲学杰出教授。哥文一生正式出版的著作有十三本，处女作是 1970 年他三十三岁时出版的《海德格尔〈存在与时间〉评注》，此书出版十九年后于 1989 年出了修订版，亦曾有日文、法文版行世。本书是他晚年的重要作品，出版于 2003 年，可以说是反映其哲学理念的代表作之一。

中译书名《于思之际，何所发生》（*What Happens to Us When We Think*）以半文言方式出之，后半部分译者踌躇再三，曾经考虑的译法有语感上比较顺的"何者入思"，但这其实与哥文关于形上之思乃切身之事的观点有一定距离，于是考虑过"何者入生"或"何者入身"甚至"何者上身"，但它们虽合乎作者原意，语言上毕竟显得生硬。因此，最终采用"何所发生"这样一个在语言和实质上都更接近哥文原意的书名。用哥文在书中的表述，"当我们思考自身实在时所发生的是我们自身实在的转变"。这也是本书副标题"转变与实在"（Transformation and Reality）的意思。

与哥文其他著述一样，本书在结构安排上相当严整。开篇，作者便构想了五个假想的生活场景，由这些场景给出人的特定存在处境，面对这些颇具形上意味的际遇，让人对此中所涉及的"勇敢""忠诚""爱"，甚至"法律""建筑"的真谛有所思。这种思，不是出于亚里士多德《形而上学》开篇提出的人天性中的"惊奇"，也不是著名的牛顿因苹果坠落引发的导致物理学革命的科学之思，而是人切身的存在"惊奇"。科学之思，本质上是科学家或理论家作为旁观者的"它是"思考；哥文探究的此种思，则是第一人称当事人无可回避的"我是"之思，这种思，究其要义，不是要探讨自亚里士多德的"关于存在什么"（上帝、灵魂等）到笛卡尔的"我是否存在（being）"，而是探究存在对于此在而言意味着什么（to be or means to be）。于此之际，所发生的未必是知识的增长，却是个体的成长，即本书副标题所示的，此在在生命状态、意义维度上的"转变"，而这同时也就是真理的发生。

接下来三章的标题分别是"惊奇"（Wonder）、"存在之实"（Being Real）与"强力"（Violence），三者在字面上均紧扣一个"思"字，惊奇（或者说"惊奇"）乃形上之思的特征，如第二章篇首所引狄金森诗句，"不正好是知道，也不正好是不知道"：我们有知的是常识与知识，而在超越日常思维的形上之思中，我们陷入惊奇——这正是哲学的源始之地。重要的是，如果"未曾感受"过惊奇，那"便不算活过"。惊奇是形上之思的根本特征，而形上之思的主题则是"实在"，实在不是"实际"或者"我思故我在"的"在"，而是形上意义的"真际"，作为被敞开的意义性存在。至于"强力"，则是哲学论说中我们较为陌生但其实并不神秘的概念。首先，"真理的一个意义就是其不可抗拒性"，其次，"被强力所冲击的是非本真性沉沦的日常性"，因为其实"我们天生不想知道存在的真理"。比如本书开篇第一个场景中，一个人既害怕危险不敢去救自己的朋友，又无法接受懦弱的自我，这种内心矛盾是一种冲击，伴随这种冲击的是对"勇气"意味着什么的存在之思，这种思引发的是具有强力性的学习，由此带来人生境界的蜕变。哥文在后文中指出，与一般意义上人由儿童到成人的肉体、心理成熟不同，人其实还存在本体维度上精神性的二度成长，"学以成人"。于此，我们"学习成为实在的意味着什么，学着被真理所转变"。总之，"思"起于"惊奇"，成于"学习"，终于"真理"。

　　本书前四章所涉及的论题，从宏观上看，大致是在阐释他的哲学观、形而上学观，以及他的实在概念，包含了丰富内容与独特的见解，而它们最终"结穴"于第五章"真理"。广而言之，真理其实是哥文全部哲思的焦点所在，这从其代表作《真理与存在》的书名即可见端倪。在本书中，"真理"一章居全书十章之第五，而海德格尔《存在与时间》第四十四节关于真理的论述在该书八十三节里亦大致居其中，这种结构安排间的相似，未尝没有微妙的关联。

　　真理，作为哥文哲学思想的关键词，在其论题各异的各种著作中往往都有专章讨论。就其基本内容和理论实质看，哥文的真理观在其1990年出版的《真理与存在》中已立其大体。哥文承袭了海德格尔思想，强调真理本质上首先是存在论概念，是实在意义的敞开与澄明，而不是认识论概念，因而其真理观与主流认识论导向的真理观不同。他在概念上将二者分别界定为"真理"与"真"："'真理'所在的是这样的场域，其问题是关于在本质中所揭示的意义。'真'所在的是这样的场域，其中知识给出最终的答案。"（《真理与存在》）真理，作为存在现象，并非日常思维意义上的精神事件，因此，作为"此在"，作为"在世界中"的"在"，我们不是在单纯的理智的、知性的活动中面对世界，而是在"欣乐""命运""罪"与"美"这样一些具有终极性且无可规避性的存在现象中生活，从而直面"我是谁"——而不是"我是什么角色"——的本质真理。在这样的思想脉络中，本书侧重从五个方面刻画真理：（1）重要的（mattering）；（2）发生的（happening）；（3）使……能的（enabling）；（4）揭示的（revealing）；（5）要求的（demanding）。其论述则以倒序展开。首先，真理作为思想权威要求尊重，并且真理绝非主观任意，其成立须遵从理性原则。其次，真理的"揭示"，与海德格尔所谓的"解蔽"是同一含义，在此，真理不是指关于事物因果解释的科学"真知"，而是关于存在本质的意义"真谛"。比如，"母亲"的意义不是"女性家长"，而是无须进一步解释说明的"母爱"，它表现为为子女不计代价地付出，甚至不顾原则地庇护。至于"使……能"，一方面，它是指真理的存在不但如康德所示，让我们得以理解知识是如何因主体的认知能力而成为可能，另一方面，真理使人的存在的积极转变成为可能。在此意义上，真理是实际降临或发生在此在生命中的教化性事件。最后,真理事大(truth matters),即便它"不保证成功,不一定有用"(梁文道语),它也具有一种内在的、独立的价值:它给世界带来光明。

以"真理"的论述为轴,全书此后六、七、八章别开生面,转向真理在生活世界中实际上如何发生、到场乃至实现的详细阐述。

第六章"学习者",以林肯在南北战争中的经历,表明他如何"学习"包含在美国宪法与《独立宣言》两个历史文本中"人人生而平等"的真理,以及在南北战争中学习那场"战争"的真谛:因为爱人而杀人,以及在当时情况下,唯有无情地甚至是战略性地忍受巨大人员伤亡与物资消耗,北军才可能赢得战争。正是基于这种战略性(不如说哲学性)判断,出身小城律师的林肯,经此历练,终成引领北军走向胜利的总司令,捍卫了美国的统一,终结了有违美国宪法精神的奴隶制,开创了历史。在此,真理不但令存在的意义朗现(make sense),并且,真理促成事情(历史)的发生,也让自身作为事情发生。第七章"学生",谈学习形而上学时发生在学生身上的改变,以及学习形而上学的独特意义:"他关于实在的思考实际上就是在造就不一样的实在"。不论是对作为真理学习者的林肯,还是对哲学学生,"学习"都是关键词,这种"学习"是一个"学以成人"意义上的二度精神性"成人"过程。第八章"孩子",探讨从无邪、无知的儿童到能负责的成熟个体的"成年人",就像从常人到形上学习者,这是一种存在之实的转变。

最后两章"冲突与融贯"和"起源",回到哲学理论层面,阐述存在真理或真理性存在的辩证品格,集中阐述在理论来源方面与本书主题关系密切的柏拉图、康德和海德格尔相关思想。

综览哥氏著述，其基本学术定位可以概括为海德格尔"接着讲"。一方面，其哲学观，尤其是其真理观，与海氏哲学有明确的渊源关系，比如对作为本书关键词，与笛卡尔之类传统形而上学"我思"迥异之"思"的理解与论述，在在让人想起海氏譬如"科学不思"的论断，而哥氏著述中几乎随处可见的"文艺"色彩，与海德格尔关于艺术与真理关系的思想一脉相承，印证并且论证了海德格尔关于哲学与艺术"姊妹"关系的独特观点（《形而上学的基本概念》）。但是，除了处女作《海德格尔〈存在与时间〉评注》之外，他此后的所有著述都不再是海氏思想亦步亦趋的"照着讲"，而是有独立探索精神与创造性的学术研究。就真理观而言，哥文明确拈出"真"与"真理"作为认识论与存在论谱系下对两种不同真理的概念规定，在理论上是一种推进，尤其是他从终极性出发，对关于我们遭遇真理的"欣乐""命运""罪""美"四种存在处境的阐述与分析，较之海德格尔关于"烦""畏""沉沦"等的现象学描述，显然向前推进了一步。此外，在海德格尔"时间"观基础上，哥文明确开出"真理之为故事"（《真理与存在》第四部分之"十"）的理论维度，深化了海德格尔关于真理的解蔽观。

除了具体观点上别开生面的诸多论述外，贯穿哥文全部哲思的一根红线，是他在学院派理论之外甚具苏格拉底之风的"在世"哲学选择。海德格尔哲学及其用世之心具有明显"哲学王"的特征，也就是说，他和绝大多数哲学家一样，希望自己的哲学思想能影响时代，哥文却自觉选择面向个体存在的哲学言说——这想必与他对海德格尔的纳粹情结，以及哲学道路潜在危险的反思不无关系。他的著作也与一般学术论著不同，通篇无一脚注。相反，其著述中举凡莎士比亚、奥登、狄金森、莱辛、歌德、格林等非哲学人士每每联袂出场，重要的是，这些并非装饰理论的俗套话术或鸡汤手法，而是从中提炼重要的理论话题，由此展开实质性哲理思考与分析。谨举一例：他结合《俄狄浦斯王》或《罗密欧与朱丽叶》这样的悲剧展开对"命运"的哲学分析，展示其一方面充满各种偶然意外，另一方面，在剧情（叙述）的一步步展开中，又呈现为似乎无可避免的悖论，这正是悲剧之为悲剧，进而人类命运的某种真相。哥文在哲学上特立独行的致思取向，让我们反思哲学"为生民立命"的不同可能性。在"觉世"与"慧人"之间，哥文偏向于后者。不论如何，"哲学的目的地和出发点都是实际的生命经验"（海德格尔：《宗教现象学导论》），因此，和一切学问一样，哲学终究不是学术象牙塔中的玄思妙想，其根源与使命均无非"人间世"（《庄子》）。就此而论，哥文的著作对于希望在哲学中获得关于人与世界深刻入微理解的读者有特别的助益。

哥文关于哲学的实践选择当然不是孤明独发，而是苏格拉底"从天上到地下"的理论转向以来哲学固有的思想传统，依柏拉图《理想国》中的"洞穴隐喻"，这其实是哲学家于灵魂上升至纯粹理念之后返回人间的事功，只是在自中世纪以降哲学学院化的进程中，哲学的这一维度在相当程度上被边缘化了。以哥氏深厚的学养，他对此当然洞若观火，但也正因如此，其逆流而上、择善固执的精神格外值得钦佩。作为有自己鲜明和成熟理论风格的学人，哥氏对古今哲学家的观点当然如数家珍，其独到不凡的见解对专业哲学家亦有学术价值。更重要的是，哥氏对哲学的讨论不是斤斤于那些纯学术的"嚼梗"（dragon），却总是给出贴近现实中人存在的形上思考与哲学见地，从而每每给人通常哲学书中并不太容易遇到的心灵震撼与启发。于譬如陈直（《海德格尔导论》的民工译者）这样的亲近哲学者，哥文是书其实是较之包括海德格尔本身哲学更切近的思想资源。说到这里，有一点必须立即指出，坊间由学界中人推出的不乏哲理性的说理性散文其实不算罕见，甚至也有以此类文字为专业写作名家的成例，只要作者确实以诚相见，言之有物，就都是值得肯定的。但对哥文却不可作如是观。与一般不乏见地的哲理性文字不同，哥文著述的特质仍在其哲学本色，事实上，他自己好几本书的副标题均特意标明为"哲学的探索"（A Philosophical Inquiry）。也就是说，他的人间关怀是哲学的，其言说不是哲学地，而是哲学的，虽然不是学院式的。从而较一般思想性散文更具哲学性和系统性，也更深刻。美国海学权威之一，莱斯大学的史蒂文·G. 科洛威尔（Steven G. Crowell）教授在对哥文《真理与存在》的推荐语中称道其"在存在论思考方面极富价值的贡献"与"罕见的文笔"，这可以说是适用于哥文全部著述的中肯评价，也是我立意将哥文介绍给中文世界的根本原因。

这本篇幅不大，分量不轻的"大家小书"，不是哥文著作中唯一一本正被引进中文世界的论著，他的另一本书同时也是他的代表作《真理与存在》也已经进入中文世界，同样由笔者翻译，崇文书局出版。只可惜哥文教授已于数年前离世，无法见其著作中文版的面世。顺便插一句，我迄今翻过的三位作者除安克斯密特（Frank Ankersmit）外，其余两位均为新逝"故人"，另一位是我第一本译著的作者阿瑟·丹图（Arthur Danto）。

我 2014 年在弗兰克新作《历史表现中的意义、真理和指称》的"译后记"中曾表示于译事"告一段落"之意，今重操译笔，完全是因本人与哥文著作"相见恨晚"的邂逅，而这与近年本人遭际"真理"有直接关系。其次甚至是更重要的是，我对哥文著作研读越多，越觉得他实在完全值得并应尽早介绍给汉语哲学界及对思想有兴趣的汉语读者。"车马轻裘，与朋友共"，是我此番译介哥文的真实心情。

在结束这篇引介文字之前，作为译者我要对湖北崇文书局慨然同意引进哥文著作表示诚挚谢意。当然，对我来说书局其实"查无此人"，有名有姓的是书局编辑黄显深先生。我此前的三本译著从未为出版问题犯难，此番想为哥文著作在中文世界安个家却屡屡"失算"：我联系过的不止一家国内重要出版机构在对哥文与我的译文均表首肯的情况下，往往因作者非名家大腕，在当前出版市场状况下，考虑到经营风险，只能"免于"考虑。黄编辑当初因该社欲重印我近十年前在北大出版社出的《历史哲学》一书与我联系，当我了解到崇文书局也出版译作时，抱着姑妄一试的想法，跟他提及我翻译的哥文著作，没想到"小叩"而发"大鸣"，迅即获得出版立项，正应了"没门"未必无窗的话。另外，显深除了有学术情怀，还是个认真的编辑，这应该是来自他原先工作过的商务印书馆的优良传统。他对译稿对照原文逐字审读，帮我又把了一道关。当然，作为译者，我是译文的第一责任人，因此，如有纰漏，责任在我。此外，本书的封面让我对"图书"中图之于书的意思有了深切的体会，谨此对设计师姚舒敏表示感谢！

对出版社关于经济效益的考虑，我虽不当家亦知柴米贵，倒是对作为其前提的"非名家"之虑有一点小小的看法。名家名作的引进价值固然毋庸置疑，从而亦成为市场风险较小的选择，但流风之下，非名家大家之作的引进却容易成为我们的盲点。其实，从学术交流的角度看，大家名家之外的所谓二手文献——当然是其中的佳作——其实大有可观。真正的大家著述固然体大思精，但在一意艰难探索之际往往无从顾及读者，相信这是诸如康德、海德格尔尤其是维特根斯坦的写作难以亲近的重要原因，而一般研究者的著作在这方面反倒有其不可忽略的优势。并且，大家的学术之道往往高深莫测，一般学者望尘莫及，在这方面，所谓"二手作者"的为学之道更易为普通学者取法。在我看来，在海德格尔门墙之下而能自出机杼，哥文诚为国内海学研究颇堪鉴赏的"他山之玉"，广而言之，对国内近年来开始思考做自己哲学的同仁亦可有示范意义。

总之，哥文的书，哲学上有亮点，文字上有看点，相信在市场上应该会有其卖点。在我看来，包括本书在内，哥文的一系列论著甚至具足畅销书潜质，果然如此，则幸甚至哉。当然，即便市场最终也许辜负了我们，哥文终不负我！You bet, trust me!

译者

厦门大学海滨"仁智近处"

2023 年 7 月 18 日星期二

索 引

（以下页码为本书页边码）